D1315277

A SPANISH READER

Gabriel García Márquez

nextext

Contenido

CUENTOS

La siesta del martes 28
*Este cuento destaca la opresión que los pobres sufren
en muchos de los países en vías de desarrollo.
Manifiesta la dignidad de los pobres a través de una
historia conmovedora sobre una madre que defiende
la integridad de su hijo, aunque éste murió por
ser ladrón.*

Un día de éstos 40
*Como muchas de las obras de García Márquez, este
cuento trata de la corrupción de los ricos en Colombia,
pero se distingue por un elemento de venganza por
parte de los pobres. El escritor nos cuenta la historia
de un dentista humilde que, después de años de
soportar las injusticias y trampas del ayuntamiento, se
encuentra en una situación de poder sobre el alcalde.*

Un señor muy viejo con unas
alas enormes 45
*La mezcla de la fantasía y la realidad crea un ambiente
mágico en esta historia. La vida en un pueblo costeño
cambia radicalmente a partir de la llegada de un ángel
que pone en duda la religión y la espiritualidad de la
gente del pueblo.*

A lo largo del libro, las palabras de vocabulario aparecen en negrita y llevan notas a pie de página. Las palabras y frases especializadas o técnicas aparecen sin negrita y llevan notas a pie de página.

Téngase en cuenta que el lenguaje que utiliza el autor es en ocasiones muy gráfico. Los editores han hecho lo posible por encontrar un punto medio entre lo que es apropiado para el ámbito escolar y lo que representa la obra auténtica del autor.

introducción:

Colombia en el siglo XX

La historia de Colombia en este siglo ha sido una de las más tumultuosas de los países en vías de desarrollo. La lucha histórica entre los terratenientes y las masas y los problemas con las drogas y el gobierno inestable han producido una situación actual desordenada y peligrosa.

Guerra y democracia

Colombia empezó el siglo XX con la Guerra de los Mil Días, que duró desde 1899 hasta 1903. Esta guerra civil estalló cuando el partido liberal, representante de los dueños de las plantaciones de café, se enfrentó contra el gobierno conservador. Los liberales favorecían un sistema económico más abierto, para poder vender su café en los mercados internacionales y ganar más beneficios.

Tras la larga guerra y posterior rendición de los liberales, Colombia perdió su colonia, Panamá, debido a la falta de una posición clara del gobierno en ese asunto. Los conservadores ganaron nuevamente el control del estado.

En las primeras dos décadas del siglo XX, y bajo el control de los conservadores, el país disfrutó de una mejora en su economía gracias al comercio del café. Pero su dependencia económica en las exportaciones fue una desventaja cuando llegó la Gran Depresión de 1929. En el año siguiente, los liberales destituyeron el gobierno conservador y tomaron el poder del país. La situación política, sin embargo, siguió siendo muy inestable.

La zona bananera

En 1928, el año del nacimiento de García Márquez, la situación de bienestar del pueblo natal del escritor se estaba deteriorando. Aracataca era un pueblo entre los muchos que pertenecían a la llamada "zona bananera" de Colombia. A principios del siglo XX, Colombia era el mayor productor de bananos en esa zona del mundo.

Esta plantación de bananos es típica de la zona bananera de Colombia. Aracataca, el pueblo natal de García Márquez, se encuentra en esta parte del país, que es famosa por el éxito del que disfrutó la United Fruit Company en la década de 1920. También es conocida por la violenta huelga que allí ocurrió en 1928.

La compañía que controlaba este crecimiento económico era la United Fruit Company, una multinacional muy poderosa. Desafortunadamente, la compañía no se preocupó de distribuir la riqueza del momento entre la clase obrera. No había leyes que protegieran a los trabajadores y el gobierno le concedía gran libertad de maniobra a la compañía, dado su gran poder financiero. La precaria situación política junto con la inestabilidad social llevaron al país a una situación de extrema dificultad.

En octubre de 1928, más de treinta mil trabajadores iniciaron una huelga en la zona bananera. Los trabajadores pidieron lavabos, seguridad médica y un día libre a la semana. También querían cobrar sus sueldos con dinero en efectivo en vez de hacerlo con un dinero que sólo valía en las tiendas de la United Fruit Company. Ni la compañía ni el gobierno cedieron a las peticiones de los trabajadores. El Estado envió tropas militares a la zona bananera. La gente protestó en las calles, y en la noche del seis de diciembre el ejército empezó a disparar a la población de forma indiscriminada. El gobierno nunca admitió su responsabilidad por la matanza, pero se dice que más de mil personas murieron como resultado de ese tumulto. A pesar del silencio de las instituciones sobre el tema, la gente, incluyendo a García Márquez, tuvo conocimiento de la masacre a través de historias que se transmitieron de generación en generación.

"La Violencia"

Los problemas entre la gente y el gobierno iban a continuar de forma creciente. Por eso, la política de Colombia también se complicó más. En la campaña electoral de 1946 el partido liberal se encontraba dividido, por lo que se presentaron dos candidatos diferentes de dicho partido a las elecciones. Por esa causa los liberales perdieron la presidencia en favor de los conservadores. A pesar de la derrota, uno de los candidatos liberales, Jorge Eliécer Gaitán, se convirtió en la nueva voz de los pobres, un héroe del pueblo. Los conservadores, que temían el poder de Gaitán, asesinaron al líder el día nueve de abril de 1948 en Bogotá, la capital de Colombia. Por muchos años, la clase menos favorecida socialmente había visto a Gaitán como su única representación dentro del sistema político del país. Su asesinato provocó una revuelta que arrasó la ciudad de Bogotá y dejó más de dos mil muertos. Este episodio se conoce como el "bogotazo."

El asesinato de Gaitán llevó al país a una nueva época de sufrimiento. Este período se conoce como "La Violencia" y duró hasta la década de los sesenta. La crueldad demostrada por todos los bandos fue asombrosa. Entre 1948 y 1962, unas 200.000 personas murieron a causa de La Violencia.

Finales del siglo

La política de Colombia seguía siendo incierta en las últimas décadas del siglo. El poder vacilaba entre los liberales y los conservadores bajo el control del Frente Nacional, un grupo formado por representantes de los dos partidos. Al final de la década de los sesenta, Colombia disfrutó del crecimiento de su economía, pero el país nunca ha podido lograr la estabilidad social y económica que se necesita para desarrollarse plenamente.

Los problemas de Colombia son conocidos por todos. El poder de los traficantes de drogas, los actos de las guerrillas y la frecuencia de los asesinatos y los secuestros han sido noticia en todo el mundo. García Márquez, el ciudadano más famoso del país, tiene un papel importante y difícil que cumplir en Colombia. Mientras muchos esperan que él proponga soluciones para salir de la crisis, otros lo ven como a un enemigo. Por la fama que tiene, García Márquez se encuentra comprometido con los problemas del pueblo colombiano.

García Márquez lleva más de cuarenta años casado con Mercedes Bacha. En esta imagen, la pareja aparece con uno de sus hijos, Gonzalo, poco antes de que el autor ganara el premio Nobel.

Biografía

La niñez en Aracataca

Gabriel García Márquez nació en el año 1928 en Aracataca, un pueblo costeño de Colombia. Durante sus primeros ocho años, el niño vivió con sus abuelos maternos, que han inspirado algunos de los personajes más importantes de la obra del escritor. El abuelo, el coronel Nicolás Márquez Mejía, que había luchado en la Guerra de los Mil Días al lado de los liberales, le contaba al pequeño Gabriel sus aventuras como soldado durante la guerra civil. Es probable que su abuelo fuera la inspiración para el famoso personaje recurrente, José Arcadio Buendía. También puede ser el modelo para el protagonista en *El coronel no tiene quien le escriba*.

La abuela de García Márquez, Tranquilina Iguarán Cotes, también ha influido la obra de su nieto. Ella y sus hermanas eran mujeres supersticiosas que le enseñaron a García Márquez el folklore popular colombiano. La seriedad con la que hablaba sobre fantasmas, demonios y otras criaturas extraordinarias aparece a menudo en la obra del escritor.

Educación

Tenía ocho años cuando su abuelo murió y se tuvo que ir a vivir con sus padres a la región de Sucre, y más tarde a Barranquilla. En 1940, ganó una beca para asistir al Liceo Nacional, un colegio para estudiantes muy talentosos. Era un niño tímido, con especial habilidad para la poesía y los dibujos, y durante esos años sobresalió en las clases de literatura. Sus primeras influencias no vinieron de escritores hispanos, sino de autores europeos como Jules Verne, Alexandre Dumas, Thomas Mann y Franz Kafka.

Al graduarse en 1946, García Márquez entró en la Universidad Nacional para estudiar derecho, carrera que sus padres habían elegido. El joven universitario no dedicó mucha atención a sus estudios de derecho, pues pasaba mucho tiempo leyendo ficción y hablando de política en los cafés con otros estudiantes.

Primeras obras

García Márquez publicó su primer cuento, "La tercera resignación", en *El Espectador* en el año 1947. Durante los años siguientes, escribió unos diez cuentos más para este periódico. Pero cuando la Universidad Nacional fue cerrada a causa del bogotazo (Véase página 11), el escritor tuvo que trasladarse a la Universidad de Cartagena, en el norte del país.

En 1950, se trasladó a Barranquilla y dejó oficialmente la carrera de derecho. Durante su estancia en esta ciudad, García Márquez y sus amigos, todos ellos dedicados a las letras, formaron el llamado "grupo Barranquilla".

En la década de los cincuenta, García Márquez trabajó para el periódico izquierdista *El Espectador*. Esta foto de 1956 demuestra el local del periódico en la capital colombiana, Bogotá. Es un edificio impresionante y distinto, al igual que el mismo periódico.

La influencia del grupo lo llevó a leer las obras clásicas de Sófocles y las contemporáneas de Hemingway, Woolf y Faulkner. De hecho, William Faulkner ha sido uno de los escritores más influyentes en la obra de García Márquez.

En 1954, todavía pobre, García Márquez volvió a Bogotá y trabajó como periodista para *El Espectador.* Cuando García Márquez escribió un reportaje que implicaba al gobierno en asuntos ilegales, tuvo que huir del país para evitar las represalias de las autoridades.

Años de exilio

García Márquez viajó por Europa y se estableció en París, donde escribió *El coronel no tiene quien le escriba* y *La mala hora.* Viajó a Venezuela, donde escribió más obras sobre la situación colombiana. Estuvo buscando una solución a los problemas de su país y en el año 1957 empezó a viajar por los países comunistas de Europa para entender mejor su política. A García Márquez le interesaba el socialismo, pero veía el comunismo como una política peligrosa.

Al volver en secreto a Colombia en 1958, García Márquez se casó con su novia de muchos años, Mercedes Bacha. Después de contraer matrimonio, la pareja se fue a La Habana, donde García Márquez conoció a Fidel Castro, que por esos años había accedido al poder como dictador comunista. La amistad entre ellos ha perdurado hasta hoy día.

Consigue fama mundial

El primer hijo de García Márquez nació en 1959; el segundo, en 1962. La familia era bastante pobre hasta 1967, cuando la publicación de *Cien años de soledad* hizo famoso al escritor colombiano. La novela tuvo un éxito enorme e inmediatamente García Márquez fue reconocido como un genio literario. Empezó a ganar premios, a hacer entrevistas y a dar conferencias. Su carrera literaria había empezado.

García Márquez quería tener la experiencia política de vivir bajo una dictadura. Por eso, el escritor se fue a vivir a Barcelona. España en esos años estaba todavía bajo el control del dictador Francisco Franco. Allí García Márquez experimentó la dictadura de primera mano y escribió *El otoño del patriarca*, novela publicada en 1975.

En su estudio en la Ciudad de México, García Márquez habla con periodistas sobre el éxito y la fama que experimentó tras la publicación de su novela *Cien años de soledad*.

Nuevo poder político

El poder político de García Márquez se incrementó con su éxito. Ya podía utilizar su fama para protestar contra la explotación de los pobres y los trabajadores. Dio dinero y apoyo a grupos liberales por toda Latinoamérica. A causa de sus acciones políticas, fue considerado como enemigo por los gobiernos conservadores y ricos. No se le dejaba entrar a Estados Unidos sin vigilancia, y el escritor tuvo que huir de Colombia en 1981 para evitar las represalias del gobierno.

En 1982, Gabriel García Márquez ganó el premio Nobel de Literatura. Toda Latinoamérica celebró su logro, y Colombia volvió a aceptarle y respetarle.

García Márquez ha seguido escribiendo desde entonces. En 1986 publicó *El amor en los tiempos del cólera;* en 1990, *El general en su laberinto* salió a la luz; en 1994, fue publicado *Del amor y otros demonios*. También ha continuado con las publicaciones periodísticas. Sus obras han sido traducidas a más de veinte idiomas y García Márquez todavía disfruta de fama mundial. Hoy día ha regresado a Latinoamérica donde vive con su familia, pasando unas temporadas en Colombia y otras en México.

Cronología

1928—Gabriel García Márquez nace el 6 de marzo en Aracataca, Colombia. Vive allí con sus abuelos maternos durante sus primeros ocho años.

1936—Muere el abuelo de García Márquez. El niño va a vivir con sus padres a Sucre y más tarde a Barranquilla.

1940—García Márquez gana una beca para ingresar en el prestigioso Liceo Nacional en Zipaquirá, Colombia.

1946—Entra en la Universidad Nacional en Bogotá para estudiar derecho.

1948—Jorge Eliécer Gaitán, jefe del partido liberal, es asesinado; García Márquez participa en el tumulto llamado "el bogotazo".

1950—Se traslada a Barranquilla y deja la carrera de derecho.

1954—Empieza su carrera periodística. Trabaja para *El Espectador*.

1955—Publica su primera colección de cuentos, *La hojarasca*. Tiene que huir del país por razones políticas.

1958—Se casa con su novia de más de diez años, Mercedes Bacha.

1962—Publica la colección de cuentos *Los funerales de la Mamá Grande*.

1967—Publica su primera novela, *Cien años de soledad,* que tiene un éxito instantáneo.

1968—Publica *El coronel no tiene quien le escriba*.

1975—Publica *El otoño del patriarca*, novela que escribió durante su estancia en Barcelona.

1981—Publica *Crónica de una muerte anunciada*.

1982—Recibe el premio Nobel de Literatura.

1985—Publica la novela romántica *El amor en los tiempos del cólera*.

1994—Publica *Del amor y otros demonios*.

En 1982, García Márquez recibe el premio Nobel de Literatura en Estocolmo, Suecia.

La pobreza y desigualdad social reinantes en la comunidad en la que García Márquez creció y vivió durante sus años de infancia han influido notablemente en su obra. Esta imagen de la casa donde nació refleja la miseria de los primeros años de su vida.

Temas comunes

Obra temprana

La escritura temprana de García Márquez está marcada por la fantasía y la crítica de la sociedad. Los críticos de García Márquez proponen que Franz Kafka es el escritor más influyente en la obra temprana de García Márquez. La manera en que Kafka podía contar los sucesos más extraordinarios como si fueran totalmente normales sedujo al colombiano. García Márquez también apreció los temas kafkianos que tratan de la realidad social y la realidad humana. Ambos escritores cuestionan en sus obras el propósito de la vida y el orden social.

Otra característica que refleja la influencia de Kafka es el tratamiento literario del tiempo y el espacio. Los límites son vagos, difíciles de discernir. Este recurso que acentúa el sentido abstracto de la realidad que presenta el escritor está presente en casi toda la obra de García Márquez, incluso en su ficción más madura.

García Márquez empezó a apartarse de Kafka años más tarde, mientras buscaba un estilo personal para representar el sentido mágico de la vida que había experimentado durante su niñez.

Macondo

Por el año 1955, García Márquez viajó a su pueblo natal, Aracataca. El viaje le inspiró la creación de un pueblo ficticio llamado "Macondo". El escritor había admirado esta técnica en la obra de Faulkner, que inventó la región ficticia de Yoknapatawpha County. De las obras de Faulkner, García Márquez aprendió a utilizar la ambientación de los pueblos para expresar de manera mítica su infancia.

Macondo, inspirado en Aracataca, está lleno de personajes folklóricos que trabajan mucho y que creen ciegamente en las leyendas de sus antepasados. Practican la magia que han aprendido de antiguas generaciones, y todos juntos forman un pequeño universo. De hecho, una de las cualidades más valoradas de la obra de García Márquez es la capacidad que posee para crear una comunidad literaria que es tan completa como una comunidad real. Hay variadísimas personalidades en Macondo: las visionarias, las supersticiosas, las egoístas, las prácticas, las soñadoras, entre otras muchas.

García Márquez se considera a sí mismo como escritor realista a pesar de ser conocido como el fundador de la técnica literaria "mágico-realista" caracterizada por el uso frecuente de la magia y la fantasía en sus creaciones. Para él, estos elementos no contradicen la realidad, pues si la gente cree verdaderamente en estos hechos sobrenaturales entonces pasan a formar parte de la vida cotidiana.

Imágenes

Hay varias imágenes que aparecen a menudo en la obra de García Márquez. Por ejemplo, símbolos importantes del escritor son el mar y los barcos. Su efecto en la gente aparece en varias obras, como "El ahogado más hermoso del mundo", "El mar de tiempo perdido" y "Relato de un naúfrago".

Las jaulas de pájaros figuran en mucha de la obra de García Márquez. Se puede verlas como símbolos de la cautividad dentro de la que vive la gente pobre en los países menos desarrollados del mundo, manipulada por la pequeña población rica y poderosa. En esta foto, un hombre típico de pueblo demuestra su afinidad a los pájaros y su jaula.

Otras imágenes a las que García Márquez hace frecuente referencia son los loros y las jaulas de pájaros, sobre todo en relación a la gente oprimida y la gente de poder. El ejemplo más conocido es la impresionante jaula del cuento "La prodigiosa tarde de Baltazar".

También importantes son las muchas referencias de García Márquez a los gitanos, al paisaje costeño de Colombia y a las medallas de guerra. Juntas, estas imágenes refuerzan la investigación del escritor de la historia y las raíces de su país.

Relaciones sociales

Un tema común en la obra de García Márquez es la injusticia que los pobres tienen que soportar a manos de los gobernantes corruptos. En la mayoría de sus historias, los pobres son los más dignos y comprensivos, mientras que los ricos son superficiales y egoístas. En el cuento "La siesta del martes", por ejemplo, las injusticias sufridas por una familia pobre fuerzan al hijo a robar y a perder su vida como consecuencia de la falta de justicia social. Los pobres consiguen una pequeña venganza en "Un día de éstos", cuando un dentista opera al alcalde sin anestesia como compensación por los años de corrupción que el pueblo ha tenido que sobrellevar bajo su mandato.

Otra relación interesante en la obra de García Márquez es la de los hombres y las mujeres. El escritor suele crear personajes masculinos soñadores e inventores, mientras que los femeninos son más lógicos. Por ejemplo, en *Cien años de soledad*, Úrsula es la que piensa en cómo solucionar los problemas cotidianos mientras su marido gasta todo su tiempo y energía ideando proyectos fantásticos.

Aunque la mayoría de las obras de García Márquez tienen lugar en Colombia, sobre todo en Macondo, el escritor opina no solamente de su propio país sino de los países de toda Latinoamérica. Los personajes son universales en muchos aspectos, pero sus tradiciones y creencias son típicas de la cutura latina. Más importante todavía, la opresión que los pueblos han padecido en manos de los pocos privilegiados es un problema que se halla tanto en Colombia como en los otros países latinos. Gracias a que su obra es leída en todo el mundo, García Márquez puede dar a conocer la triste e injusta situación que se vive en su país y en su continente.

Las imágenes acuáticas aparecen con frecuencia en la obra de García Márquez. La gente colombiana depende mucho de las fuentes de agua, incluso el mar y los ríos, para sostener la vida. En esta imagen, unos hombres llevan sus pequeños barcos llenos de cañas de azúcar, frutas y veduras a un mercado en el río.

cuentos

La siesta del martes

Una madre, acompañada de su hija, se dirige a un pueblo para visitar la tumba de su hijo y cerrar así un episodio doloroso de su vida: la muerte de su hijo. El joven había muerto cuando intentaba entrar en una casa para robar. García Márquez da muestra de su identificación con los oprimidos e intenta explicar, de forma literaria, las circunstancias que llevan a un hombre a robar.

El tren salió del **trepidante**[1] corredor de rocas **bermejas**,[2] penetró en las plantaciones de banano, simétricas e interminables, y el aire se hizo húmedo y no se volvió a sentir la **brisa**[3] del mar. Una humareda[4] sofocante entró por la ventanilla del vagón. En el **estrecho**[5] camino paralelo a la vía férrea había carretas de bueyes cargadas de racimos verdes. Al otro lado del camino, en intempestivos espacios sin **sembrar**,[6] había

---

[1] **trepidante**—vibrating, shaking.

[2] **bermejas**—bright red.

[3] **brisa**—breeze.

[4] **humareda**—cloud of smoke.

[5] **estrecho**—narrow.

[6] **sembrar**—having been sowed, having been planted.

oficinas con ventiladores eléctricos, campamentos de **ladrillos**[7] rojos y residencias con sillas y mesitas blancas en las terrazas entre palmeras y rosales **polvorientos**.[8] Eran las once de la mañana y aún no había empezado el calor.

—Es mejor que subas el vidrio —dijo la mujer—. El pelo se te va a llenar de carbón.

La niña trató de hacerlo pero la persiana[9] estaba bloqueada por **óxido**.[10]

Eran los únicos pasajeros en el **escueto**[11] vagón de tercera clase. Como el humo de la locomotora siguió entrando por la ventanilla, la niña abandonó el puesto y puso en su lugar los únicos objetos que llevaban: una bolsa de material plástico con cosas de comer y un ramo de flores envuelto en papel de periódicos. Se sentó en el asiento opuesto, **alejada**[12] de la ventanilla, de frente a su madre. **Ambas**[13] guardaban un **luto**[14] riguroso y pobre.

La niña tenía doce años y era la primera vez que viajaba. La mujer parecía demasiado vieja para ser su madre, a causa de las venas azules en los **párpados**[15] y del cuerpo pequeño, blando y sin formas, en un traje cortado como una sotana.[16] Viajaba con la columna vertebral firmemente apoyada contra el espaldar del asiento, sosteniendo en el regazo con ambas manos una cartera de **charol**[17] **desconchado**.[18] Tenía la serenidad escrupulosa de la gente acostumbrada a la pobreza.

---

[7] **ladrillos**—bricks.

[8] **polvorientos**—dusty.

[9] persiana—blind, slatted shutter.

[10] **óxido**—rust.

[11] **escueto**—unadorned, plain.

[12] **alejada**—away.

[13] **Ambas**—both.

[14] **luto**—mourning.

[15] **párpados**—eyelids.

[16] sotana—cassock; a long coat worn by a member of the clergy.

[17] **charol**—patent leather.

[18] **desconchado**—peeling.

A las doce había empezado el calor. El tren se detuvo diez minutos en una estación sin pueblo para **abastecerse**[19] de agua. Afuera, en el misterioso silencio de las plantaciones, la sombra tenía un aspecto limpio. Pero el aire **estancado**[20] dentro del vagón olía a cuero sin curtir.[21] El tren no volvió a acelerar. Se detuvo en dos pueblos iguales, con casas de madera pintadas de colores vivos. La mujer inclinó la cabeza y **se hundió**[22] en el **sopor**.[23] La niña se quitó los zapatos. Después fue a los servicios sanitarios a poner en agua el **ramo**[24] de flores muertas.

Cuando volvió al asiento la madre le esperaba para comer. Le dio un pedazo de queso, medio bollo de maíz y una **galleta**[25] dulce, y sacó para ella de la bolsa de material plástico una ración igual. Mientras comían, el tren **atravesó**[26] muy despacio un puente de **hierro**[27] y pasó de largo por un pueblo igual a los anteriores, sólo que en éste había una multitud en la plaza. Una banda de músicos tocaba una pieza alegre bajo el sol aplastante. Al otro lado del pueblo, en una **llanura**[28] cuarteada por la **aridez**,[29] terminaban las plantaciones.

La mujer dejó de comer.

—Ponte los zapatos —dijo.

La niña miró hacia el exterior. No vio nada más que la llanura desierta por donde el tren empezaba a correr de nuevo, pero metió en la bolsa el último pedazo de

---

[19] **abastecerse**—supply itself.

[20] **estancado**—stagnant.

[21] cuero sin curtir—untanned leather.

[22] **se hundió**—collapsed.

[23] **sopor**—drowsiness, sleepiness.

[24] **ramo**—bouquet.

[25] **galleta**—biscuit.

[26] **atravesó**—crossed over.

[27] **hierro**—iron.

[28] **llanura**—plain, prairie.

[29] **aridez**—dryness.

galleta y se puso rápidamente los zapatos. La mujer le dio la **peineta**.[30]

—Péinate —dijo.

El tren empezó a **pitar**[31] mientras la niña se peinaba. La mujer se secó el **sudor**[32] del cuello y se limpió la **grasa**[33] de la cara con los dedos. Cuando la niña acabó de peinarse el tren pasó frente a las primeras casas de un pueblo más grande pero más triste que los anteriores.

—Si tienes ganas de hacer algo, hazlo ahora —dijo la mujer—. Después, aunque te estés muriendo de **sed**[34] no tomes agua en ninguna parte. Sobre todo, no vayas a llorar.

La niña aprobó con la cabeza. Por la ventanilla entraba un viento **ardiente**[35] y seco, mezclado con el pito de la locomotora y el estrépito de los viejos vagones. La mujer enrolló la bolsa con el resto de los alimentos y la metió en la cartera. Por un instante, la imagen total del pueblo, en el luminoso martes de agosto, resplandeció en la ventanilla. La niña envolvió las flores en los periódicos **empapados**,[36] se apartó un poco más de la ventanilla y **miró fijamente**[37] a su madre. Ella le devolvió una expresión **apacible**.[38] El tren acabó de pitar y **disminuyó**[39] la marcha. Un momento después se detuvo.

No había nadie en la estación. Del otro lado de la calle, en la acera **sombreada**[40] por los **almendros**,[41] sólo

---

[30] **peineta**—comb.

[31] **pitar**—whistle.

[32] **sudor**—sweat.

[33] **grasa**—oil.

[34] **sed**—thirst.

[35] **ardiente**—burning.

[36] **empapados**—soaked.

[37] **miró fijamente**—stared.

[38] **apacible**—gentle.

[39] **disminuyó**—decreased.

[40] **sombreada**—shaded.

[41] **almendros**—almond trees.

estaba abierto el salón de billar.[42] El pueblo flotaba en el calor. La mujer y la niña descendieron del tren, atravesaron la estación abandonada cuyas baldosas[43] empezaban a **cuartearse**[44] por la presión de la hierba, y cruzaron la calle hasta la acera de sombra.

Eran casi las dos. A esa hora, **agobiado**[45] por el sopor, el pueblo hacía la siesta. Los almacenes, las oficinas públicas, la escuela municipal, se cerraban desde las once y no volvían a abrirse hasta un poco antes de las cuatro, cuando pasaba el tren de regreso. Sólo permanecían abiertos el hotel frente a la estación, su cantina y su salón de billar, y la oficina del telégrafo a un lado de la plaza. Las casas, en su mayoría construidas sobre el modelo de la compañía bananera, tenían las puertas cerradas por dentro y las persianas bajas. En algunas hacía tanto calor que sus habitantes almorzaban en el patio. Otros recostaban un asiento a la sombra de los almendros y hacían la siesta sentados en plena calle.

Buscando siempre la protección de los almendros, la mujer y la niña penetraron en el pueblo sin perturbar la siesta. Fueron directamente a la casa cural.[46] La mujer raspó con la uña la red metálica[47] de la puerta, esperó un instante y volvió a llamar. En el interior **zumbaba**[48] un ventilador eléctrico. No se oyeron los pasos. Se oyó **apenas**[49] el **leve**[50] crujido de una puerta y en seguida una voz cautelosa muy cerca de la red metálica: «¿Quién es?» La mujer trató de ver a través de la red metálica.

---

[42] salón de billar—billiard room; pool hall.

[43] baldosas—paving stones.

[44] **cuartearse**—to split, to crack.

[45] **agobiado**—bowed down, weighted down.

[46] cural—"del cura"; parish.

[47] red metálica—metal screen.

[48] **zumbaba**—was buzzing.

[49] **apenas**—scarcely.

[50] **leve**—slight.

—Necesito al padre —dijo.

—Ahora está durmiendo.

—Es urgente —insistió la mujer.

Su voz tenía una tenacidad reposada.

La puerta se entreabrió sin ruido y apareció una mujer madura y regordeta, de cutis[51] muy pálido y cabellos color hierro. Los ojos parecían demasiado pequeños detrás de los gruesos cristales de los **lentes**.[52]

—Sigan —dijo, y acabó de abrir la puerta.

Entraron en una sala impregnada de un viejo olor de flores. La mujer de la casa las condujo hasta un **escaño**[53] de madera y les hizo señas de que se sentaran. La niña lo hizo, pero su madre permaneció de pie, **absorta**,[54] con la cartera **apretada**[55] en las dos manos. No se percibía ningún ruido detrás del ventilador eléctrico.

La mujer de la casa apareció en la puerta del fondo.

—Dice que vuelvan después de las tres —dijo en voz muy baja—. **Se acostó**[56] hace cinco minutos.

—El tren se va a las tres y media —dijo la mujer.

Fue una réplica breve y segura, pero la voz seguía siendo apacible, con muchos matices.[57] La mujer de la casa sonrió por primera vez.

—Bueno —dijo.

Cuando la puerta del fondo volvió a cerrarse la mujer se sentó junto a su hija. La **angosta**[58] sala de espera era pobre, ordenada y limpia. Al otro lado de una **baranda**[59] de madera que dividía la habitación había

---

[51] cutis—complexion.

[52] **lentes**—glasses.

[53] **escaño**—bench.

[54] **absorta**—absent-minded.

[55] **apretada**—clasped.

[56] **Se acostó**—he went to bed.

[57] matices—nuances.

[58] **angosta**—narrow.

[59] **baranda**—railing.

una mesa de trabajo, **sencilla**,[60] con un tapete de hule,[61] y encima de la mesa una máquina de escribir primitiva junto a un vaso con flores. Detrás estaban los archivos parroquiales. Se notaba que era un **despacho**[62] arreglado por una mujer soltera.

La puerta del fondo se abrió y esta vez apareció el **sacerdote**[63] limpiando los lentes con un pañuelo. Sólo cuando se los puso pareció evidente que era hermano de la mujer que había abierto la puerta.

—¿Qué se le ofrece? —preguntó.

—Las llaves del cementerio —dijo la mujer.

La niña estaba sentada con las flores en el regazo y los pies cruzados bajo el escaño. El sacerdote la miró, después miró a la mujer y después, a través de la red metálica de la ventana, el cielo brillante y sin nubes.

—Con este calor —dijo—. Han podido esperar a que bajara el sol.

La mujer movió la cabeza en silencio. El sacerdote pasó del otro lado de la baranda, extrajo del armario un cuaderno **forrado**[64] de hule, un plumero de palo y un tintero,[65] y se sentó a la mesa. El pelo que le faltaba en la cabeza le sobraba en las manos.

—¿Qué tumba van a visitar? —preguntó.

—La de Carlos Centeno —dijo la mujer.

—¿Quién?

—Carlos Centeno —repitió la mujer.

El padre siguió sin entender.

—Es el ladrón que mataron aquí la semana pasada —dijo la mujer en el mismo tono—. Yo soy su madre.

---

[60] **sencilla**—simple, plain.

[61] hule—oilskin, oilcloth.

[62] **despacho**—study.

[63] **sacerdote**—priest.

[64] **forrado**—lined.

[65] tintero—inkwell.

El sacerdote la **escrutó**.[66] Ella lo miró fijamente, con un dominio **reposado**,[67] y el padre **se ruborizó**.[68] Bajó la cabeza para escribir. A medida que llenaba la hoja pedía a la mujer los datos de su identidad, y ella respondía sin vacilación, con detalles precisos, como si estuviera leyendo. El padre empezó a sudar. La niña se desabotonó la trabilla[69] del zapato izquierdo, se descalzó el **talón**[70] y lo apoyó en el contrafuerte. Hizo lo mismo con el derecho.

Todo había empezado el lunes de la semana anterior, a las tres de la **madrugada**[71] y a pocas cuadras de allí. La señora Rebeca, una **viuda**[72] solitaria que vivía en una casa llena de cachivaches,[73] sintió a través del rumor de la **llovizna**[74] que alguien trataba de forzar desde afuera la puerta de la calle. Se levantó, buscó a tientas[75] en el ropero un revólver **arcaico**[76] que nadie había **disparado**[77] desde los tiempos del coronel Aureliano Buendía, y fue a la sala sin encender las luces. Orientándose no tanto por el ruido de la cerradura como por un terror **desarrollado**[78] en ella por 28 años de soledad, localizó en la imaginación no sólo el sitio donde estaba la puerta sino la altura exacta de la cerradura. **Agarró**[79] el arma con las dos manos, cerró los ojos y apretó el gatillo. Era la primera vez en su vida que disparaba un revólver.

---

[66] **escrutó**—scrutinized, examined.

[67] **reposado**—calm.

[68] **se ruborizó**—blushed.

[69] trabilla—small strap.

[70] **talón**—heel.

[71] **madrugada**—morning.

[72] **viuda**—widow.

[73] cachivaches—knick-knacks.

[74] **llovizna**—drizzle, fine rain.

[75] a tientas—gropingly, blindly.

[76] **arcaico**—archaic; very old.

[77] **disparado**—fired.

[78] **desarrollado**—developed.

[79] **Agarró**—seized.

Inmediatamente después de la detonación no sintió nada más que el murmullo de la llovizna en el techo de zinc. Después percibió un golpecito metálico en el andén de cemento y una voz muy baja, apacible, pero terriblemente fatigada: «Ay, mi madre.» El hombre que **amaneció**[80] muerto frente a la casa, con la nariz despedazada, vestía una franela[81] a rayas de colores, un pantalón ordinario con una **soga**[82] en lugar de cinturón, y estaba **descalzo**.[83] Nadie lo conocía en el pueblo.

—De manera que se llamaba Carlos Centeno —murmuró el padre cuando acabó de escribir.

—Centeno Ayala —dijo la mujer—. Era el único **varón**.[84]

El sacerdote volvió al armario. **Colgadas**[85] de un **clavo**[86] en el interior de la puerta había dos llaves grandes y oxidadas, como la niña imaginaba y como imaginaba la madre cuando era niña y como debió imaginar el propio sacerdote alguna vez que eran las llaves de san Pedro. Las descolgó, las puso en el cuaderno abierto sobre la baranda y mostró con el índice un lugar en la página escrita, mirando a la mujer.

—Firme aquí.

La mujer garabateó[87] su nombre, sosteniendo la cartera bajo la axila. La niña recogió las flores, se dirigió a la baranda arrastrando los zapatos y observó atentamente a su madre.

El párroco **suspiró**.[88]

---

[80] **amaneció**—was found in the morning.

[81] franela—flannel shirt.

[82] **soga**—rope, cord.

[83] **descalzo**—barefooted.

[84] **varón**—male.

[85] **Colgadas**—hung.

[86] **clavo**—nail.

[87] garabateó—scribbled.

[88] **suspiró**—sighed.

—¿Nunca trató de hacerlo entrar por el buen camino?

La mujer contestó cuando acabó de firmar.

—Era un hombre muy bueno.

El sacerdote miró alternativamente a la mujer y a la niña y comprobó con una especie de **piadoso**[89] estupor que no estaban a punto de llorar.

La mujer continuó inalterable:

—Yo le decía que nunca robara nada que le hiciera falta a alguien para comer, y él me hacía caso. En cambio, antes, cuando boxeaba, pasaba hasta tres días en la cama **postrado**[90] por los **golpes**.[91]

—Se tuvo que sacar todos los dientes —intervino la niña.

—Así es —confirmó la mujer—. Cada bocado[92] que comía en ese tiempo me sabía a los porrazos[93] que le daban a mi hijo los sábados a la noche.

—La voluntad de Dios es inescrutable —dijo el padre.

Pero lo dijo sin mucha convicción, en parte porque la experiencia lo había vuelto un poco **escéptico**,[94] y en parte por el calor. Les recomendó que se protegieran la cabeza para evitar la insolación. Les indicó **bostezando**[95] y ya casi completamente dormido, cómo debían hacer para encontrar la tumba de Carlos Centeno. Al regreso no tenían que tocar. Debían meter la llave por debajo de la puerta y poner allí mismo, si tenían, una **limosna**[96] para la Iglesia. La mujer escuchó las explicaciones con mucha atención, pero dio las gracias sin sonreír.

---

[89] **piadoso**—pious, devout.

[90] **postrado**—prostrated, overcome.

[91] **golpes**—blows, punches.

[92] bocado—mouthful, bite.

[93] porrazos—beatings.

[94] **escéptico**—skeptical.

[95] **bostezando**—yawning.

[96] **limosna**—charity, alms.

Desde antes de abrir la puerta de la calle el padre se dio cuenta de que había alguien mirando hacia adentro, las narices **aplastadas**[97] contra la red metálica. Era un grupo de niños. Cuando la puerta se abrió por completo los niños se dispersaron. A esa hora, de ordinario, no había nadie en la calle. Ahora no sólo estaban los niños. Había grupos bajo los almendros. El padre examinó la calle **distorsionada**[98] por la **reverberación**,[99] y entonces comprendió. Suavemente volvió a cerrar la puerta.

—Esperen un minuto —dijo, sin mirar a la mujer.

Su hermana apareció en la puerta del fondo, con una chaqueta negra sobre la camisa de dormir y el cabello suelto en los hombros. Miró al padre en silencio.

—¿Qué fue? —preguntó él.

—La gente se ha dado cuenta —murmuró su hermana.

—Es mejor que salgan por la puerta del patio —dijo el padre.

—Es lo mismo —dijo su hermana—. Todo el mundo está en las ventanas.

La mujer parecía no haber comprendido hasta entonces. Trató de ver la calle a través de la red metálica. Luego le quitó el ramo de flores a la niña y empezó a moverse hacia la puerta. La niña la siguió.

—Esperen a que baje el sol —dijo el padre.

—Se van a **derretir**[100] —dijo su hermana, inmóvil en el fondo de la sala—. Espérense y les presto una sombrilla.

—Gracias —replicó la mujer—. Así vamos bien.

Tomó a la niña de la mano y salió a la calle.

---

[97] **aplastadas**—flattened, squashed.
[98] **distorsionada**—distorted.
[99] **reverberación**—heat.
[100] **derretir**—melt.

PREGUNTAS

1. Describe la personalidad de la mujer y explica su actitud frente al sacerdote. Cita ejemplos del texto.

2. ¿Cómo se describe el ambiente en el cuento? ¿Qué relación encuentras entre el ambiente descrito y el título de la historia?

3. En un momento dado, la mujer le dice al sacerdote lo siguiente: "Yo le decía que nunca robara nada que le hiciera falta a alguien para comer, y él me hacía caso". ¿Qué te parece este consejo? Explica por qué.

Un día de éstos

En este relato se describe la difícil situación que se vive en un pueblo sumido en la corrupción política que se levanta en armas. Narra la situación providencial que se le presenta a un dentista en la que puede causar dolor a uno de sus oponentes políticos, el alcalde.

El lunes amaneció **tibio**[1] y sin lluvia. Don Aurelio Escovar, dentista sin título y buen **madrugador**,[2] abrió su **gabinete**[3] a las seis. Sacó de la vidriera una dentadura postiza[4] montada aún en el molde de **yeso**[5] y puso sobre la mesa un puñado de instrumentos que ordenó de mayor a menor, como en una exposición. Llevaba una camisa a rayas, sin cuello, cerrada arriba con un botón **dorado**,[6] y los pantalones **sostenidos**[7] con cargadores

---

[1] **tibio**—warm.

[2] **madrugador**—early riser.

[3] **gabinete**—office.

[4] dentadura postiza—set of false teeth.

[5] **yeso**—plaster.

[6] **dorado**—golden.

[7] **sostenidos**—held up.

elásticos. Era rígido, **enjuto**,[8] con una mirada que raras veces correspondía a la situación, como la mirada de los sordos.

Cuando tuvo las cosas dispuestas sobre la mesa, rodó la fresa[9] hacia el sillón de **resortes**[10] y se sentó a **pulir**[11] la dentadura postiza. Parecía no pensar en lo que hacía, pero trabajaba con obstinación, pedaleando en la fresa incluso cuando no se servía de ella.

Después de las ocho hizo una pausa para mirar el cielo por la ventana y vio dos gallinazos pensativos que se secaban al sol en el caballete[12] de la casa vecina. Siguió trabajando con la idea de que antes del almuerzo volvería a llover. La voz **destemplada**[13] de su hijo de once años lo sacó de su abstracción.

—Papá.

—Qué.

—Dice el alcalde que si le sacas una **muela**.[14]

—Dile que no estoy aquí.

Estaba puliendo un diente de oro. Lo retiró a la distancia del brazo y lo examinó con los ojos a medio cerrar. En la salita de espera volvió a gritar su hijo.

—Dice que sí estás porque te está oyendo.

El dentista siguió examinando el diente. Sólo cuando lo puso en la mesa con los trabajos terminados, dijo:

—Mejor.

Volvió a operar la fresa. De una cajita de cartón donde guardaba las cosas por hacer, sacó un puente de varias piezas y empezó a pulir el oro.

—Papá.

—Qué.

---

[8] **enjuto**—thin.

[9] fresa—drill.

[10] **resortes**—springs.

[11] **pulir**—to polish.

[12] caballete—ridgepole.

[13] **destemplada**—loud, strident, shrill.

[14] **muela**—molar.

Aún no había cambiado de expresión.

—Dice que si no le sacas la muela te pega un tiro.[15]

Sin apresurarse, con un movimiento extremadamente tranquilo, dejó de pedalear en la fresa, la retiró del sillón y abrió por completo la **gaveta**[16] inferior de la mesa. Allí estaba el **revólver**.[17]

—Bueno —dijo—. Dile que venga a pegármelo.

Hizo girar el sillón hasta quedar de frente a la puerta, la mano apoyada en el borde de la gaveta. El alcalde apareció en el **umbral**.[18] Se había afeitado la mejilla izquierda, pero en la otra, **hinchada**[19] y dolorida, tenía una barba de cinco días. El dentista vio en sus ojos **marchitos**[20] muchas noches de desesperación. Cerró la gaveta con la punta de los dedos y dijo suavemente.

—Siéntese.

—Buenos días —dijo el alcalde.

—Buenos —dijo el dentista.

Mientras **hervían**[21] los instrumentos, el alcalde apoyó el cráneo en el cabezal de la silla y se sintió mejor. Respiraba un olor glacial. Era un gabinete pobre: una vieja silla de madera, la fresa de pedal y una vidriera con pomos de loza.[22] Frente a la silla, una ventana con un cancel de tela hasta la altura de un hombre. Cuando sintió que el dentista se acercaba, el alcalde afirmó los talones y abrió la boca.

Don Aurelio Escovar le movió la cara hacia la luz. Después de observar la muela **dañada**,[23] ajustó la mandíbula con una cautelosa presión de los dedos.

---

[15] **te pega un tiro**—he'll shoot you.

[16] **gaveta**—drawer.

[17] **revólver**—pistol, gun.

[18] **umbral**—threshold.

[19] **hinchada**—swollen.

[20] **marchitos**—dull.

[21] **hervían**—were boiling.

[22] **pomos de loza**—ceramic jars.

[23] **dañada**—damaged.

—Tiene que ser sin anestesia —dijo.

—¿Por qué?

—Porque tiene un absceso.

El alcalde lo miró a los ojos.

—Está bien —dijo, y trató de sonreír. El dentista no le correspondió. Llevó a la mesa de trabajo la cacerola[24] con los instrumentos hervidos y los sacó del agua con unas pinzas[25] frías, todavía sin apresurarse. Después rodó la escupidera[26] con la punta del zapato y fue a lavarse las manos en el aguamanil.[27] Hizo todo sin mirar al alcalde. Pero el alcalde no lo perdió de vista.

Era una cordal[28] inferior. El dentista abrió las piernas y apretó la muela con el gatillo caliente. El alcalde **se aferró**[29] a las barras de la silla, descargó toda su fuerza en los pies y sintió un vacío helado en los riñones, pero no soltó un suspiro. El dentista sólo movió la muñeca. Sin rencor, más bien con una amarga ternura, dijo:

—Aquí nos paga veinte muertos, **teniente**.[30]

El alcalde sintió un crujido de huesos en la mandíbula y sus ojos se llenaron de lágrimas. Pero no suspiró hasta que no sintió salir la muela. Entonces la vio a través de las lágrimas. Le pareció tan extraña a su dolor, que no pudo entender la tortura de sus cinco noches anteriores. Inclinado sobre la escupidera, sudoroso, **jadeante**,[31] se desabotonó la guerrera[32] y buscó a tientas el pañuelo en el bolsillo del pantalón. El dentista le dio un **trapo**[33] limpio.

---

[24] cacerola—saucepan.

[25] pinzas—forceps.

[26] escupidera—spittoon.

[27] aguamanil—washbasin.

[28] cordal—wisdom tooth.

[29] **se aferró**—clung.

[30] **teniente**—deputy.

[31] **jadeante**—panting, out of breath.

[32] guerrera—high-buttoned tunic.

[33] **trapo**—rag.

—Séquese las lágrimas —dijo.

El alcalde lo hizo. Estaba temblando. Mientras el dentista se lavaba las manos, vio el **cielorraso**[34] desfondado y una **telaraña**[35] polvorienta con huevos de araña e insectos muertos. El dentista regresó secándose las manos. «Acuéstese —dijo— y haga buches de agua de sal.» El alcalde se puso de pie, se despidió con un displicente saludo militar, y se dirigió a la puerta estirando las piernas, sin abotonarse la guerrera.

—Me pasa la cuenta —dijo.

—¿A usted o al municipio?

El alcalde no lo miró. Cerró la puerta, y dijo, a través de la red metálica.

—Es la misma vaina.[36]

---

[34] **cielorraso**—ceiling.

[35] **telaraña**—spider's web.

[36] Es la misma vaina—it is the same thing, it makes no difference.

PREGUNTAS

1. ¿A qué se debe la tensión que existe entre los dos protagonistas del cuento? ¿Cómo logra el autor transmitirla?

2. ¿Crees que es verdad que no se podía usar anestesia? Razona tu respuesta.

3. Explica con tus propias palabras cuál es el tema principal de este cuento.

Un señor muy viejo con unas alas enormes

En este cuento, donde se mezclan realidad y fantasía, García Márquez hace un estudio del papel que juega la religión y el folklore en la vida espiritual de un pequeño pueblo costeño. Un día, de manera imprevista, un ángel aparece en un pueblo, revolucionando el sistema de creencias de sus habitantes. Éste es quizás uno de los cuentos más logrados del escritor colombiano.

Al tercer día de lluvia habían matado tantos **cangrejos**[1] dentro de la casa, que Pelayo tuvo que atravesar su patio **anegado**[2] para tirarlos en el mar, pues el niño recién nacido había pasado la noche con calenturas y se pensaba que era a causa de la pestilencia.[3]

---

[1] **cangrejos**—crabs, crayfish.

[2] **anegado**—flooded.

[3] pestilencia—pestilence, stench, stink.

El mundo estaba triste desde el martes. El cielo y el mar eran una misma cosa de ceniza, y las arenas de la playa, que en marzo **fulguraban**[4] como polvo de lumbre, se habían convertido en un **caldo**[5] de lodo y mariscos **podridos**.[6] La luz era tan **mansa**[7] al mediodía, que cuando Pelayo regresaba a la casa después de haber tirado los cangrejos, le costó trabajo ver qué era lo que se movía y **se quejaba**[8] en el fondo del patio. Tuvo que acercarse mucho para descubrir que era un hombre viejo, que estaba tumbado boca abajo[9] en el lodazal,[10] y a pesar de sus grandes esfuerzos no podía levantarse, porque se lo impedían sus enormes **alas**.[11]

Asustado[12] por aquella **pesadilla**,[13] Pelayo corrió en busca de Elisenda, su mujer, que estaba poniéndole compresas al niño enfermo, y la llevó hasta el fondo del patio. Ambos observaron el cuerpo caído con un callado estupor. Estaba vestido como un **trapero**.[14] Le quedaban apenas unas hilachas[15] descoloridas en el cráneo pelado y muy pocos dientes en la boca, y su lastimosa condición de bisabuelo **ensopado**[16] lo había desprovisto de toda grandeza. Sus alas de gallinazo grande, sucias y medio **desplumadas**,[17] estaban **encalladas**[18] para siempre en el lodazal. Tanto lo observaron, y con tanta atención,

---

[4] **fulguraban**—sparkled, glittered.

[5] **caldo**—broth.

[6] **podridos**—rotten, decayed.

[7] **mansa**—gentle.

[8] **se quejaba**—was moaning.

[9] tumbado boca abajo—lying down on his stomach.

[10] lodazal—quagmire; swamp.

[11] alas—wings.

[12] **Asustado**—alarmed.

[13] **pesadilla**—nightmare.

[14] **trapero**—ragman.

[15] hilachas—threads; here, the few hairs he has left on his head.

[16] **ensopado**—soaked.

[17] **desplumadas**—plucked.

[18] **encalladas**—stuck, stranded.

que Pelayo y Elisenda se sobrepusieron muy pronto del **asombro**[19] y acabaron por encontrarlo familiar. Entonces **se atrevieron**[20] a hablarle, y él les contestó en un dialecto incomprensible pero con una voz de navegante. Fue así como pasaron por alto[21] el inconveniente de las alas, y concluyeron con muy buen **juicio**[22] que era un **náufrago**[23] solitario de alguna **nave**[24] extranjera abatida por el temporal. Sin embargo, llamaron para que lo viera a una vecina que sabía todas las cosas de la vida y la muerte, y a ella le bastó con una mirada para sacarlos del error.

—Es un ángel —les dijo—. Seguro que venía por el niño, pero el pobre está tan viejo que lo ha tumbado la lluvia.

Al día siguiente todo el mundo sabía que en casa de Pelayo tenían **cautivo**[25] un ángel de carne y hueso. Contra el criterio de la vecina **sabia**,[26] para quien los ángeles de estos tiempos eran sobrevivientes fugitivos de una conspiración celestial, no habían tenido corazón para matarlo a palos. Pelayo estuvo vigilándolo toda la tarde desde la cocina, armado con su garrote de alguacil,[27] y antes de acostarse lo sacó a rastras del lodazal y lo encerró con las gallinas en el gallinero alambrado.[28] A medianoche, cuando terminó la lluvia, Pelayo y Elisenda seguían matando cangrejos. Poco después el niño despertó sin fiebre y con deseos de comer. Entonces se sintieron magnánimos y decidieron

---

[19] **asombro**—wonder, astonishment.

[20] **se atrevieron**—they dared, they ventured.

[21] **pasaron por alto**—overlooked.

[22] **juicio**—judgement.

[23] **náufrago**—shipwrecked person.

[24] **nave**—ship, vessel.

[25] **cautivo**—captive.

[26] **sabia**—wise.

[27] garrote de alguacil—club that a constable carries as a weapon.

[28] alambrado—enclosed with wire netting.

poner al ángel en una **balsa**[29] con agua dulce y provisiones para tres días, y abandonarlo a su suerte en **altamar**.[30] Pero cuando salieron al patio con las primeras luces, encontraron a todo el vecindario frente al gallinero, **retozando**[31] con el ángel sin la menor devoción y echándole cosas de comer por los huecos de las alambradas, como si no fuera una criatura sobrenatural sino un animal de circo.

El padre Gonzaga llegó antes de las siete alarmado por la desproporción de la noticia. A esa hora ya habían **acudido**[32] curiosos menos frívolos que los del amanecer, y habían hecho toda clase de conjeturas sobre el porvenir del cautivo. Los más simples pensaban que sería nombrado alcalde del mundo. Otros, de espíritu más **áspero**,[33] suponían que sería ascendido a general de cinco estrellas para que ganara todas las guerras. Algunos visionarios esperaban que fuera conservado como semental para implantar en la tierra una **estirpe**[34] de hombres **alados**[35] y sabios que se hicieran cargo del universo. Pero el padre Gonzaga, antes de ser cura, había sido **leñador**[36] macizo. Asomado a las alambradas repasó en un instante su catecismo, y todavía pidió que le abrieran la puerta para examinar de cerca aquel varón de lástima que más bien parecía una enorme gallina decrépita entre las gallinas absortas. Estaba echado en un rincón, secándose al sol las alas extendidas, entre las **cáscaras**[37] de frutas y las sobras de desayunos que le habían tirado los madrugadores.

---

[29] **balsa**—raft.

[30] **altamar**—on the high seas.

[31] **retozando**—frolicking.

[32] **acudido**—come.

[33] **áspero**—harsh, rough.

[34] **estirpe**—stock, lineage.

[35] **alados**—winged.

[36] **leñador**—woodcutter.

[37] **cáscaras**—shells, peels.

Ajeno a las impertinencias del mundo, apenas si levantó sus ojos de anticuario y murmuró algo en su dialecto cuando el padre Gonzaga entró en el gallinero y le dio los buenos días en latín. El párroco tuvo la primera sospecha de su impostura al comprobar que no entendía la lengua de Dios ni sabía saludar a sus ministros. Luego observó que visto de cerca resultaba demasiado humano: tenía un insoportable olor de intemperie,[38] el revés de las alas sembrado de algas parasitarias[39] y las plumas mayores maltratadas por vientos terrestres, y nada de su naturaleza miserable estaba de acuerdo con la **egregia**[40] dignidad de los ángeles. Entonces abandonó el gallinero, y con un breve sermón previno a los curiosos contra los **riesgos**[41] de la ingenuidad. Les recordó que el demonio tenía la mala costumbre de recurrir a artificios de carnaval para confundir a los **incautos**.[42] Argumentó que si las alas no eran el elemento esencial para determinar las diferencias entre un gavilán[43] y un aeroplano, mucho menos podían serlo para reconocer a los ángeles. Sin embargo, prometió escribir una carta a su **obispo**,[44] para que éste escribiera otra a su primado y para que éste escribiera otra al Sumo Pontífice,[45] de modo que el veredicto final viniera de los tribunales más altos.

Su prudencia cayó en corazones estériles. La noticia del ángel cautivo se divulgó con tanta rapidez, que al cabo de pocas horas había en el patio un **alboroto**[46] de

---

[38] intemperie—decay caused by being exposed to the elements.

[39] algas parasitarias—parasitic algae.

[40] **egregia**—distinguished.

[41] **riesgos**—risks, dangers.

[42] **incautos**—unwary, gullible.

[43] gavilán—sparrow hawk.

[44] **obispo**—bishop.

[45] Sumo Pontífice—Sovereign Pontiff; a reference to the Pope.

[46] **alboroto**—uproar, din.

mercado, y tuvieron que llevar la **tropa**[47] con bayonetas para **espantar**[48] el tumulto que ya estaba a punto de tumbar la casa. Elisenda, con el espinazo torcido de tanto **barrer**[49] basura de feria, tuvo entonces la buena idea de tapiar[50] el patio y **cobrar**[51] cinco centavos por la entrada para ver al ángel.

Vinieron curiosos hasta de la Martinica.[52] Vino una feria ambulante con un acróbata volador, que pasó zumbando varias veces por encima de la **muchedumbre**,[53] pero nadie le hizo caso porque sus alas no eran de ángel sino de **murciélago**[54] sideral. Vinieron en busca de salud los enfermos más **desdichados**[55] del Caribe: una pobre mujer que desde niña estaba contando los latidos de su corazón y ya no le alcanzaban los números; un jamaiquino que no podía dormir porque lo atormentaba el ruido de las estrellas, un sonámbulo que se levantaba de noche a deshacer dormido las cosas que había hecho despierto, y muchos otros de menor gravedad. En medio de aquel desorden de naufragio que hacía temblar la tierra, Pelayo y Elisenda estaban felices de cansancio, porque en menos de una semana **atiborraron**[56] de plata los dormitorios, y todavía la fila de peregrinos que esperaban turno para entrar llegaba hasta el otro lado del horizonte.

El ángel era el único que no participaba de su propio **acontecimiento**.[57] El tiempo se le iba en buscar acomodo

---

[47] **tropa**—troop.

[48] **espantar**—to frighten off.

[49] **barrer**—sweeping.

[50] tapiar—to wall up.

[51] **cobrar**—to charge.

[52] la Martinica—Martinique; an island in the West Indies.

[53] **muchedumbre**—crowd.

[54] **murciélago**—bat.

[55] **desdichados**—unfortunate.

[56] **atiborraron**—filled up.

[57] **acontecimiento**—event.

en su **nido**[58] prestado, aturdido por el calor de infierno de las lámparas de aceite y las **velas**[59] de sacrificio que le arrimaban a las alambradas. Al principio trataron de que comiera cristales de alcanfor, que, de acuerdo con la sabiduría de la vecina sabia, era el alimento específico de los ángeles. Pero él los despreciaba, como despreció sin probarlos los almuerzos papales que le llevaban los penitentes,[60] y nunca se supo si fue por ángel o por viejo que terminó comiendo nada más que papillas de berenjena.[61] Su única virtud sobrenatural parecía ser la paciencia. Sobre todo en los primeros tiempos, cuando lo **picoteaban**[62] las gallinas en busca de los parásitos estelares que proliferaban en sus alas, y los **baldados**[63] le arrancaban plumas para tocarse con ellas sus defectos, y hasta los más piadosos le tiraban piedras tratando de que se levantara para verlo de cuerpo entero. La única vez que consiguieron alterarlo fue cuando le abrasaron el **costado**[64] con un hierro de marcar novillos,[65] porque llevaba tantas horas de estar inmóvil que lo creyeron muerto. Despertó sobresaltado, **despotricando**[66] en lengua hermética y con los ojos en lágrimas, y dio un par de aletazos que provocaron un remolino de estiércol[67] de gallinero y polvo lunar, y un ventarrón de pánico que no parecía de este mundo. Aunque muchos creyeron que su reacción no había sido de rabia sino de dolor, desde entonces se cuidaron de no

---

[58] **nido**—nest.

[59] **velas**—candles.

[60] penitentes—penitents; people who perform voluntary acts of self-punishment in order to show their devotion to God.

[61] papillas de berenjena—eggplant pulp.

[62] **picoteaban**—pecked.

[63] **baldados**—crippled, handicapped.

[64] **costado**—side.

[65] un hierro de marcar novillos—a branding iron; an iron that is heated and then used to burn an identifying symbol into the flesh of livestock.

[66] **despotricando**—ranting, raving.

[67] estiércol—dung.

molestarlo, porque la mayoría entendió que su pasividad no era la de un héroe en uso de buen **retiro**[68] sino la de un **cataclismo**[69] en reposo.

El padre Gonzaga se enfrentó a la frivolidad de la muchedumbre con fórmulas de inspiración doméstica, mientras le llegaba un juicio terminante sobre la naturaleza del cautivo. Pero el correo de Roma había perdido la noción de la urgencia. El tiempo se les iba en **averiguar**[70] si el convicto tenía ombligo,[71] si su dialecto tenía algo que ver con el arameo,[72] si podía caber muchas veces en la punta de un **alfiler**,[73] o si no sería simplemente un noruego con alas. Aquellas cartas de parsimonia habrían ido y venido hasta el fin de los siglos, si un acontecimiento providencial no hubiera puesto término a las tribulaciones del párroco.

Sucedió que por esos días, entre muchas otras atracciones de las ferias errantes del Caribe, llevaron al pueblo el espectáculo triste de la mujer que se había convertido en araña por **desobedecer**[74] a sus padres. La entrada para verla no sólo costaba menos que la entrada para ver al ángel, sino que permitían hacerle toda clase de preguntas sobre su absurda condición, y examinarla al derecho y al revés, de modo que nadie pusiera en duda la verdad del horror. Era una tarántula espantosa del tamaño de un **carnero**[75] y con la cabeza de una doncella triste. Pero lo más desgarrador no era su figura

---

[68] **retiro**—retirement.

[69] **cataclismo**—cataclysm, catastrophe.

[70] **averiguar**—finding out.

[71] si el convicto tenía ombligo—if the convict had a navel; if he has a navel he is human, since he was carried by his mother, but if he doesn't, he must be an angel, since angels do not come from a woman's womb, but from God's kingdom.

[72] arameo—Aramic; an ancient Semitic language.

[73] **alfiler**—pin.

[74] **desobedecer**—disobeying.

[75] **carnero**—ram; an adult male sheep.

de disparate,[76] sino la sincera aflicción con que contaba los pormenores de su desgracia: siendo casi una niña se había escapado de la casa de sus padres para ir a un baile, y cuando regresaba por el bosque después de haber bailado toda la noche sin permiso, un **trueno**[77] pavoroso abrió el cielo en dos mitades, y por aquella grieta salió el **relámpago**[78] de azufre que la convirtió en araña. Su único alimento eran las bolitas de carne molida que las almas caritativas quisieran echarle en la boca. Semejante espectáculo, cargado de tanta verdad humana y de tan temible **escarmiento,**[79] tenía que **derrotar**[80] sin proponérselo al de un ángel despectivo que apenas si se dignaba mirar a los mortales. Además los **escasos**[81] milagros que se le atribuían al ángel revelaban un cierto desorden mental, como el del ciego que no recobró la visión pero le salieron tres dientes nuevos, y el del paralítico que no pudo andar pero estuvo a punto de ganarse la lotería, y el del leproso a quien le nacieron **girasoles**[82] en las heridas. Aquellos milagros de consolación que más bien parecían entretenimientos de burla, habían **quebrantado**[83] ya la reputación del ángel cuando la mujer convertida en araña terminó de aniquilarla. Fue así como el padre Gonzaga se curó para siempre del insomnio, y el patio de Pelayo volvió a quedar tan solitario como en los tiempos en que llovió tres días y los cangrejos caminaban por los dormitorios.

Los dueños de la casa no tuvieron nada que lamentar. Con el dinero **recaudado**[84] construyeron una mansión

---

[76] **de disparate**—funny.

[77] **trueno**—thunder.

[78] **relámpago**—lightening.

[79] **escarmiento**—lesson gained from punishment or experience.

[80] **derrotar**—to defeat, to ruin.

[81] **escasos**—scarce.

[82] **girasoles**—sunflowers.

[83] **quebrantado**—crushed.

[84] **recaudado**—collected.

de dos plantas, con balcones y jardines, y con sardineles[85] muy altos para que no se metieran los cangrejos del invierno, y con barras de hierro en las ventanas para que no se metieran los ángeles. Pelayo estableció además un criadero de conejos muy cerca del pueblo y renunció para siempre a su mal empleo de alguacil, y Elisenda se compró unas zapatillas satinadas de **tacones**[86] altos y muchos vestidos de seda tornasol,[87] de los que usaban las señoras más **codiciadas**[88] en los domingos de aquellos tiempos. El gallinero fue lo único que no mereció atención. Si alguna vez lo lavaron con creolina y quemaron las lágrimas de mirra en su interior, no fue por hacerle honor al ángel, sino por conjurar la pestilencia de muladar[89] que ya andaba como un fantasma por todas partes y estaba volviendo vieja la casa nueva. Al principio, cuando el niño aprendió a caminar, se cuidaron de que no estuviera muy cerca del gallinero. Pero luego se fueron olvidando del temor y acostumbrándose a la peste, y antes de que el niño mudara los dientes se había metido a jugar dentro del gallinero, cuyas alambradas podridas se caían a pedazos. El ángel no fue menos displicente con él que con el resto de los mortales, pero soportaba las infamias más ingeniosas con una **mansedumbre**[90] de perro sin ilusiones. Ambos contrajeron la varicela[91] al mismo tiempo. El médico que atendió al niño no resistió a la tentación de auscultar[92] al ángel, y le encontró tantos **soplos**[93] en el corazón y

---

[85] sardineles—curbs.

[86] **tacones**—heels.

[87] seda tornasol—iridescent silk.

[88] **codiciadas**—coveted.

[89] muladar—dungheap.

[90] **mansedumbre**—meekness.

[91] varicela—chicken pox.

[92] auscultar—to auscultate; to medically examine by listening for sounds made by internal organs.

[93] **soplos**—murmurs.

tantos ruidos en los riñones, que no le pareció posible que estuviera vivo. Lo que más le asombró, sin embargo, fue la lógica de sus alas. Resultaban tan naturales en aquel organismo completamente humano, que no podía entender por qué no las tenían también los otros hombres.

Cuando el niño fue a la escuela, hacía mucho tiempo que el sol y la lluvia habían **desbaratado**[94] el gallinero. El ángel andaba arrastrándose por acá y por allá como un moribundo sin dueño. Lo sacaban a escobazos de un dormitorio y un momento después lo encontraban en la cocina. Parecía estar en tantos lugares al mismo tiempo, que llegaron a pensar que se desdoblaba, que se repetía a sí mismo por toda la casa, y la exasperada Elisenda gritaba fuera de quicio[95] que era una desgracia vivir en aquel infierno lleno de ángeles. Apenas si podía comer, sus ojos de anticuario se le habían vuelto tan turbios que andaba tropezando con los **horcones**,[96] y ya no le quedaban sino las cánulas[97] peladas de las últimas plumas. Pelayo le echó encima una manta y le hizo la caridad de dejarlo dormir en el cobertizo, y sólo entonces advirtieron que pasaba la noche con calenturas delirantes en trabalenguas[98] de noruego viejo. Fue ésa una de las pocas veces en que se alarmaron, porque pensaban que se iba a morir, y ni siquiera la vecina sabia había podido decirles qué se hacía con los ángeles muertos.

Sin embargo, no sólo sobrevivió a su peor invierno, sino que pareció mejor con los primeros soles. Se quedó inmóvil muchos días en el rincón más apartado del patio, donde nadie lo viera, y a principios de diciembre

---

[94] **desbaratado**—wrecked, ruined.
[95] fuera de quicio—infuriated, in a rage.
[96] **horcones**—forked props to support a branch.
[97] cánulas—cannulas; tubes.
[98] trabalenguas—tongue twisters.

empezaron a nacerle en las alas unas plumas grandes y duras, plumas de pajarraco viejo, que más bien parecían un nuevo percance[99] de la decrepitud. Pero él debía conocer la razón de esos cambios, porque se cuidaba muy bien de que nadie los notara, y de que nadie oyera las canciones de navegantes que a veces cantaba bajo las estrellas. Una mañana, Elisenda estaba cortando **rebanadas**[100] de cebolla para el almuerzo, cuando un viento que parecía de alta mar se metió en la cocina. Entonces se asomó por la ventana, y sorprendió al ángel en las primeras tentativas de vuelo. Eran tan torpes, que abrió con las uñas un **surco**[101] de **arado**[102] en las **hortalizas**[103] y estuvo a punto de desbaratar el cobertizo con aquellos **aletazos**[104] indignos que resbalaban en la luz y no encontraban **asidero**[105] en el aire. Pero logró ganar altura. Elisenda exhaló un suspiro de descanso, por ella y por él, cuando lo vio pasar por encima de las últimas casas, sustentándose de cualquier modo con un azaroso **aleteo**[106] de buitre senil. Siguió viéndolo hasta cuando acabó de cortar la cebolla, y siguió viéndolo hasta cuando ya no era posible que lo pudiera ver, porque entonces ya no era un estorbo en su vida, sino un punto imaginario en el horizonte del mar.

---

[99] percance—drawback.

[100] **rebanadas**—slices.

[101] **surco**—furrow, groove.

[102] **arado**—plow.

[103] hortalizas—vegetables, garden produce.

[104] **aletazos**—wing beats.

[105] **asidero**—handle.

[106] **aleteo**—flapping.

PREGUNTAS

1. ¿Cómo reacciona el padre Gonzaga ante la noticia de la llegada del ángel? ¿Cómo lo examina para saber si es un ángel real?

2. ¿Cómo se describe el comportamiento que tienen Pelayo y Elisenda con el ángel?

3. Según el pueblo, ¿qué milagros había hecho el ángel? ¿Por qué le quitó protagonismo la mujer araña?

4. ¿Cómo reacciona Elisenda al conocer la marcha del ángel? ¿Qué significa la frase "ya no era un estorbo en su vida, sino un punto imaginario en el horizonte del mar"?

El ahogado más hermoso del mundo

García Márquez estudia en este cuento la agitación que se levanta en un pueblo, sobre todo en las relaciones entre hombres y mujeres, motivada por el descubrimiento de un extraño cadáver.

Los primeros niños que vieron el promontorio oscuro y **sigiloso**[1] que se acercaba por el mar se hicieron la ilusión de que era un barco enemigo. Después vieron que no llevaba banderas ni **arboladura**,[2] y pensaron que fuera una **ballena**.[3] Pero cuando quedó varado en la playa le quitaron los matorrales de sargazos, los filamentos de medusas y los restos de cardúmenes y naufragios que llevaba encima, y sólo entonces descubrieron que era un **ahogado**.[4]

---

[1] **sigiloso**—discreet, stealthy.

[2] **arboladura**—masts and spars; structural parts of a sailing vessel.

[3] **ballena**—whale.

[4] **ahogado**—drowned person.

Habían jugado con él toda la tarde, **enterrándolo**[5] y desenterrándolo en la arena, cuando alguien los vio por casualidad y dio la voz de alarma en el pueblo. Los hombres que lo cargaron hasta la casa más próxima notaron que pesaba más que todos los muertos conocidos, casi tanto como un caballo, y se dijeron que tal vez había estado demasiado tiempo **a la deriva**[6] y el agua se le había metido dentro de los huesos. Cuando lo tendieron en el suelo vieron que había sido mucho más grande que todos los hombres, pues apenas si cabía en la casa, pero pensaron que tal vez la facultad de seguir creciendo después de la muerte estaba en la naturaleza de ciertos ahogados. Tenía el olor del mar, y sólo la forma permitía suponer que era el cadáver de un ser humano, porque su piel estaba revestida de una coraza de rémora[7] y de **lodo**.[8]

No tuvieron que limpiarle la cara para saber que era un muerto ajeno. El pueblo tenía apenas unas veinte casas de tablas, con patios de piedras sin flores, **desperdigadas**[9] en el extremo de un cabo **desértico**.[10] La tierra era tan escasa, que las madres andaban siempre con el temor de que el viento se llevara a los niños, y a los pocos muertos que les iban causando los años tenían que tirarlos en los **acantilados**.[11] Pero el mar era manso y pródigo, y todos los hombres cabían en siete botes. Así que cuando se encontraron el ahogado les bastó con mirarse los unos a los otros para darse cuenta de que estaban completos.

Aquella noche no salieron a trabajar en el mar. Mientras los hombres averiguaban si no faltaba alguien

---

[5] **enterrándolo**—burying it.

[6] **a la deriva**—adrift.

[7] rémora—remora; a marine fish which attaches itself to larger sea creatures.

[8] **lodo**—mud.

[9] **desperdigadas**—scattered.

[10] **desértico**—barren.

[11] **acantilados**—cliffs.

en los pueblos vecinos, las mujeres se quedaron cuidando al ahogado. Le quitaron el lodo con tapones de esparto,[12] le **desenredaron**[13] del cabello los abrojos submarinos y le rasparon la rémora con fierros de desescamar[14] pescados. A medida que lo hacían, notaron que su vegetación era de océanos remotos y de aguas profundas, y que sus ropas estaban en **piltrafas**,[15] como si hubiera navegado por entre laberintos de corales. Notaron también que sobrellevaba la muerte con altivez, pues no tenía el **semblante**[16] solitario de los otros ahogados del mar, ni tampoco la **catadura**[17] sórdida y **menesterosa**[18] de los ahogados fluviales. Pero solamente cuando acabaron de limpiar tuvieron conciencia de la clase de hombre que era, y entonces se quedaron sin **aliento**.[19] No sólo era el más alto, el más fuerte, el más viril y el mejor armado que habían visto jamás, sino que todavía cuando lo estaban viendo no les cabía en la imaginación.

No encontraron en el pueblo una cama bastante grande para tenderlo ni una mesa bastante sólida para velarlo. No le vinieron los pantalones de fiesta de los hombres más altos, ni las camisas dominicales de los más corpulentos, ni los zapatos del mejor plantado. Fascinados por su desproporción y su hermosura, las mujeres decidieron entonces hacerle unos pantalones con un buen pedazo de vela cangreja, y una camisa de bramante[20] de novia, para que pudiera continuar su muerte con dignidad. Mientras cosían sentadas en círculo, contemplando el cadáver entre puntada y

---

[12] tapones de esparto—esparto grass stoppers.

[13] **desenredaron**—cleared.

[14] fierros de desescamar—scaling knives.

[15] **piltrafas**—scraps.

[16] **semblante**—countenance.

[17] **catadura**—appearance, expression.

[18] **menesterosa**—needy.

[19] **aliento**—breath.

[20] bramante—twine.

puntada, les parecía que el viento no había sido nunca tan tenaz ni el Caribe había estado nunca tan ansioso como aquella noche, y suponían que esos cambios tenían algo que ver con el muerto. Pensaban que si aquel hombre magnífico hubiera vivido en el pueblo, su casa habría tenido las puertas más anchas, el techo más alto y el piso más firme, y el **bastidor**[21] de su cama habría sido de cuadernas maestras[22] con pernos de hierro, y su mujer habría sido la más feliz. Pensaban que habría tenido tanta autoridad que hubiera sacado los peces del mar con sólo llamarlos por sus nombres, y habría puesto tanto **empeño**[23] en el trabajo que hubiera hecho **brotar**[24] **manantiales**[25] de entre las piedras más áridas y hubiera podido sembrar flores en los acantilados. Lo compararon en secreto con sus propios hombres, pensando que no serían capaces de hacer en toda una vida lo que aquél era capaz de hacer en una noche, y terminaron por **repudiarlos**[26] en el fondo de sus corazones como los seres más **escuálidos**[27] y **mezquinos**[28] de la tierra. Andaban **extraviadas**[29] por estos **dédalos**[30] de fantasía, cuando la más vieja de las mujeres, que por ser la más vieja había contemplado al ahogado con menos pasión que compasión, suspiró:

—Tiene cara de llamarse Esteban.

Era verdad. A la mayoría le bastó con mirarlo otra vez para comprender que no podía tener otro nombre.

---

[21] **bastidor**—frame.

[22] cuadernas maestras—midship frames.

[23] **empeño**—determination.

[24] **brotar**—spring up.

[25] **manantiales**—springs of water.

[26] **repudiarlos**—repudiating them, rejecting them.

[27] **escuálidos**—skinny, emaciated.

[28] **mezquinos**—wretched.

[29] **extraviadas**—lost.

[30] **dédalos**—labyrinths.

Las más **porfiadas**,[31] que eran las más jóvenes, se mantuvieron con la ilusión de que al ponerle la ropa, tendido entre flores y con unos zapatos de charol, pudiera llamarse Lautaro. Pero fue una ilusión vana. El **lienzo**[32] resultó escaso, los pantalones mal cortados y peor cosidos le quedaron estrechos, y las fuerzas ocultas de su corazón hacían saltar los botones de la camisa. Después de la medianoche se adelgazaron los silbidos del viento y el mar cayó en el sopor del miércoles. El silencio acabó con las últimas dudas: era Esteban. Las mujeres que lo habían vestido, las que lo habían peinado, las que le habían cortado las uñas y raspado la barba no pudieron reprimir un **estremecimiento**[33] de compasión cuando tuvieron que resignarse a dejarlo tirado por los suelos. Fue entonces cuando comprendieron cuánto debió haber sido de infeliz con aquel cuerpo descomunal, si hasta después de muerto le **estorbaba**.[34] Lo vieron condenado en vida a pasar de medio lado por las puertas, a descalabrarse con los **travesaños**,[35] a permanecer de pie en las visitas sin saber qué hacer con sus tiernas y rosadas manos de buey de mar,[36] mientras la dueña de la casa buscaba la silla más resistente y le suplicaba muerta de miedo siéntese aquí Esteban, hágame el favor, y él recostado contra las paredes, sonriendo, no se preocupe señora, así estoy bien, con los talones en carne viva y las espaldas escaldadas de tanto repetir lo mismo en todas las visitas, no se preocupe señora, así estoy bien, sólo para no pasar por la vergüenza de desbaratar la silla, y acaso sin haber sabido nunca que quienes le decían no te vayas Esteban, espérate siquiera hasta que hierva el café, eran los mismos que después

---

[31] **porfiadas**—persistent.

[32] **lienzo**—linen.

[33] **estremecimiento**—shudder, shiver.

[34] **estorbaba**—hindered.

[35] **travesaños**—crossbeams.

[36] buey de mar—manatee, sea cow.

susurraban[37] ya se fue el bobo grande, qué bueno, ya se fue el **tonto**[38] hermoso. Esto pensaban las mujeres frente al cadáver un poco antes del amanecer. Más tarde, cuando le taparon la cara con un pañuelo para que no le molestara la luz, lo vieron tan muerto para siempre, tan indefenso, tan parecido a sus hombres, que se les abrieron las primeras grietas de lágrimas en el corazón. Fue una de las más jóvenes la que empezó a **sollozar**.[39] Las otras, **alentándose**[40] entre sí, pasaron de los suspiros a los lamentos, y mientras más sollozaban más deseos sentían de llorar, porque el ahogado se les iba volviendo cada vez más Esteban, hasta que lo lloraron tanto que fue el hombre más **desvalido**[41] de la tierra, el más manso y el más servicial, el pobre Esteban. Así que cuando los hombres volvieron con la noticia de que el ahogado no era tampoco de los pueblos vecinos, ellas sintieron un vacío de **júbilo**[42] entre las lágrimas.

—¡Bendito sea Dios —suspiraron—: es nuestro!

Los hombres creyeron que aquellos **aspavientos**[43] no eran más que frivolidades de mujer. Cansados de las tortuosas averiguaciones de la noche, lo único que querían era quitarse de una vez el estorbo del intruso antes de que **prendiera**[44] el sol bravo de aquel día árido y sin viento. Improvisaron unas angarillas[45] con restos de trinquetes y botavaras,[46] y las **amarraron**[47] con carlingas de altura,[48] para que resistieran el peso del

---

[37] **susurraban**—were whispering, were murmuring.

[38] **tonto**—fool.

[39] **sollozar**—to sob.

[40] **alentándose**—taking heart.

[41] **desvalido**—destitute, needy.

[42] **júbilo**—joy, happiness.

[43] **aspavientos**—exaggerated displays of feeling.

[44] **prendiera**—lit.

[45] angarillas—stretchers.

[46] botavaras—booms, gaffs.

[47] **amarraron**—fastened.

[48] carlingas de altura—high mast steps.

cuerpo hasta los acantilados. Quisieron **encadenarle**[49] a los tobillos un ancla de buque mercante para que fondeara sin tropiezos en los mares más profundos donde los peces son ciegos y los **buzos**[50] se mueren de nostalgia, de manera que las malas corrientes no fueran a devolverlo a la orilla, como había sucedido con otros cuerpos. Pero mientras más se apresuraban, más cosas se les ocurrían a las mujeres para perder el tiempo. Andaban como gallinas asustadas picoteando amuletos de mar en los **arcones**,[51] unas estorbando aquí porque querían ponerle al ahogado los escapularios del buen viento, otras estorbando allá para abrocharle una pulsera de orientación, y al cabo de tanto quítate de ahí mujer, ponte donde no estorbes, mira que casi me haces caer sobre el difunto, a los hombres se les subieron al **hígado**[52] las **suspicacias**[53] y empezaron a **rezongar**[54] que con qué objeto tanta ferretería de altar mayor para un **forastero**,[55] si por muchos **estoperoles**[56] y **calderetas**[57] que llevara encima se lo iban a **masticar**[58] los tiburones, pero ellas seguían **tripotando**[59] sus reliquias de pacotilla,[60] llevando y trayendo, tropezando, mientras se les iba en suspiros lo que no se les iba en lágrimas, así que los hombres terminaron por despotricar que de cuándo acá semejante alboroto por un muerto al garete, un ahogado de nadie, un **fiambre**[61] de mierda. Una de las

---

[49] **encadenarle**—to chain.

[50] **buzos**—divers.

[51] **arcones**—large chests.

[52] **hígado**—liver.

[53] **suspicacias**—suspicions.

[54] **rezongar**—to grumble, to complain.

[55] **forastero**—alien, outsider.

[56] estoperoles—studs.

[57] calderetas—round, small, metal vessels for blessed water.

[58] **masticar**—to chew.

[59] **tripotando**—arranging.

[60] de pacotilla—trash, junk; of no importance whatsoever.

[61] fiambre—corpse.

mujeres, mortificada por tanta insolencia, le quitó entonces al cadáver el pañuelo de la cara, y también los hombres se quedaron sin aliento.

Era Esteban. No hubo que repetirlo para que lo reconocieran. Si les hubieran dicho Sir Walter Raleigh, hasta ellos se habrían impresionado con su acento de gringo, con su guacamaya[62] en el hombro, con su arcabuz[63] de matar caníbales, pero Esteban solamente podía ser uno en el mundo, y allí estaba tirado como un sábalo, sin botines, con unos pantalones de sietemesino y esas uñas **rocallosas**[64] que sólo podían cortarse a cuchillo. Bastó con que le quitaran el pañuelo de la cara para darse cuenta de que estaba avergonzado, de que no tenía la culpa de ser tan grande, ni tan pesado ni tan hermoso, y si hubiera sabido que aquello iba a suceder habría buscado un lugar más discreto para ahogarse, en serio, me hubiera amarrado yo mismo un áncora de galeón[65] en el cuello y hubiera **trastabillado**[66] como quien no quiere la cosa por los acantilados, para no andar ahora estorbando con este muerto de miércoles, como ustedes dicen, para no molestar a nadie con esta porquería de fiambre que no tiene nada que ver conmigo. Había tanta verdad en su modo de estar, que hasta los hombres más suspicaces, los que sentían **amargas**[67] las minuciosas noches del mar **temiendo**[68] que sus mujeres se cansaran de soñar con ellos para soñar con los ahogados, hasta ésos, y otros más duros, se estremecieron en los tuétanos[69] con la sinceridad de Esteban.

---

[62] guacamaya—macaw; a type of parrot.

[63] arcabuz—arquebus; a heavy gun invented in the fifteenth century.

[64] **rocallosas**—pebbly, stony.

[65] áncora de galeón—galleon anchor.

[66] **trastabillado**—tripped, stumbled.

[67] **amargas**—bitter, embittered.

[68] **temiendo**—fearing.

[69] tuétanos—marrows, piths, innermost parts.

Fue así como le hicieron los funerales más espléndidos que podían concebirse para un ahogado expósito. Algunas mujeres que habían ido a buscar flores en los pueblos vecinos regresaron con otras que no creían lo que les contaban, y éstas se fueron por más flores cuando vieron al muerto, y llevaron más y más, hasta que hubo tantas flores y tanta gente que apenas si se podía caminar. A última hora les dolió devolverlo **huérfano**[70] a las aguas, y le **eligieron**[71] un padre y una madre entre los mejores, y otros se le hicieron hermanos, tíos y primos, así que a través de él todos los habitantes del pueblo terminaron por ser parientes entre sí. Algunos marineros que oyeron el **llanto**[72] a la distancia perdieron la **certeza**[73] del rumbo, y se supo de uno que se hizo amarrar al palo mayor, recordando antiguas fábulas de sirenas. Mientras se disputaban el privilegio de llevarlo en hombros por la **pendiente**[74] escarpada de los acantilados, hombres y mujeres tuvieron conciencia por primera vez de la desolación de sus calles, la aridez de sus patios, la estrechez de sus sueños, frente al esplendor y la hermosura de su ahogado. Lo soltaron sin **ancla**,[75] para que volviera si quería, y cuando lo quisiera, y todos retuvieron el aliento durante la fracción de siglos que demoró la caída del cuerpo hasta el abismo. No tuvieron necesidad de mirarse los unos a los otros para darse cuenta de que ya no estaban completos, ni volverían a estarlo jamás. Pero también sabían que todo sería diferente desde entonces, que sus casas iban a tener las puertas más anchas, los techos más altos, los pisos más firmes, para que el recuerdo de Esteban pudiera andar por todas partes sin tropezar con los travesaños, y que

---

[70] **huérfano**—orphan.
[71] **eligieron**—chose.
[72] **llanto**—cry.
[73] **certeza**—certainty.
[74] **pendiente**—slope.
[75] **ancla**—anchor.

nadie se atreviera a susurrar en el futuro ya murió el bobo grande, qué lástima, ya murió el tonto hermoso, porque ellos iban a pintar las **fachadas**[76] de colores alegres para eternizar la memoria de Esteban, y se iban a romper el espinazo excavando manantiales en las piedras y sembrando flores en los acantilados, para que en los amaneceres de los años venturos los pasajeros de los grandes barcos despertaran sofocados por un olor de jardines en altamar, y el capitán tuviera que bajar de su alcázar[77] con su uniforme de gala, con su astrolabio,[78] su estrella polar y su **ristra**[79] de medallas de guerra,[80] y señalando el **promontorio**[81] de rosas en el horizonte del Caribe dijera en catorce idiomas, miren allá, donde el viento es ahora tan manso que se queda a dormir debajo de las camas, allá, donde el sol brilla tanto que no saben hacia dónde girar los girasoles, sí, allá, es el pueblo de Esteban.

---

[76] **fachadas**—facades, fronts.

[77] alcázar—quarterdeck.

[78] astrolabio—astrolabe; a medieval instrument used for determining the altitude of the sun or other celestial bodies.

[79] **ristra**—string.

[80] medallas de guerra—war medals.

[81] **promontorio**—promontory, headland.

PREGUNTAS

1. Según se la imaginan la gente del pueblo, ¿cómo había sido la vida del ahogado?

2. ¿Por qué las mujeres querían hacerle un gran funeral? ¿Qué hicieron para convencer a los hombres?

3. ¿Qué cambios se produjeron en el pueblo a raíz del hallazgo del ahogado?

Buen viaje, señor presidente

Este cuento de García Márquez forma parte de la colección
Cuentos peregrinos. *Relata el exilio de un presidente latinoameri-
cano, figura casi mítica que siempre ha atraído al escritor y que
protagoniza su novela* El otoño del patriarca. *Lo atractivo del
relato es la forma en la que narra cómo se ven los latinoameri-
canos a sí mismos y también cómo son vistos desde Europa.*

Estaba sentado en el escaño de madera bajo las hojas
amarillas del parque solitario, contemplando los cisnes[1]
polvorientos con las dos manos apoyadas en el **pomo**[2]
de plata del **bastón**,[3] y pensando en la muerte. Cuando
vino a Ginebra por primera vez el lago era sereno y
diáfano,[4] y había gaviotas[5] mansas que se acercaban a

---

[1] cisnes—swans.

[2] **pomo**—handle.

[3] **bastón**—walking stick.

[4] **diáfano**—crystal clear, crystalline.

[5] gaviotas—seagulls.

comer en las manos, y mujeres de alquiler que parecían fantasmas de las seis de la tarde, con volantes[6] de organdí[7] y sombrillas de seda. Ahora la única mujer posible, hasta donde alcanzaba la vista, era una vendedora de flores en el **muelle**[8] desierto. Le costaba creer que el tiempo hubiera podido hacer semejantes estragos no sólo en su vida sino también en el mundo.

Era un desconocido más en la ciudad de los desconocidos ilustres. Llevaba el vestido azul oscuro con rayas blancas, el **chaleco**[9] de brocado y el sombrero duro de los magistrados en retiro. Tenía un bigote altivo de mosquetero, el cabello azulado y abundante con ondulaciones románticas, las manos de arpista con la **sortija**[10] de viudo en el anular izquierdo, y los ojos alegres. Lo único que delataba el estado de su salud era el cansancio de la piel. Y aun así, a los setenta y tres años, seguía siendo de una elegancia principal. Aquella mañana, sin embargo, se sentía a salvo de toda vanidad. Los años de la gloria y el poder habían quedado atrás sin remedio, y ahora sólo permanecían los de la muerte.

Había vuelto a Ginebra después de dos guerras mundiales, en busca de una respuesta terminante para un dolor que los médicos de la Martinica no lograron identificar. Había previsto no más de quince días, pero iban ya seis semanas de exámenes **agotadores**[11] y resultados inciertos, y todavía no se **vislumbraba**[12] el final. Buscaban el dolor en el hígado, en el riñón, en el páncreas, en la próstata, donde menos estaba. Hasta aquel jueves indeseable, en que el médico menos notorio

---

[6] volantes—ruffles, frills.

[7] organdí—organdie; a very fine transparent muslin with a stiff finish.

[8] **muelle**—wharf.

[9] **chaleco**—vest.

[10] **sortija**—ring.

[11] **agotadores**—exhausting.

[12] **vislumbraba**—made out, discerned.

de los muchos que lo habían visto lo citó a las nueve de la mañana en el pabellón de neurología.

La oficina parecía una celda de **monjes**,[13] y el médico era pequeño y **lúgubre**,[14] y tenía la mano derecha escayolada[15] por una fractura del **pulgar**.[16] Cuando apagó la luz, apareció en la pantalla la radiografía iluminada de una espina dorsal que él no reconoció como suya hasta que el médico señaló con un puntero, debajo de la cintura, la unión de dos vértebras.

—Su dolor está aquí —le dijo.

Para él no era tan fácil. Su dolor era improbable y **escurridizo**,[17] y a veces parecía estar en el costillar derecho y a veces en el bajo vientre,[18] y a menudo lo sorprendía con una **punzada**[19] instantánea en la ingle.[20] El médico lo escuchó en suspenso y con el puntero inmóvil en la pantalla. «Por eso nos **despistó**[21] durante tanto tiempo —dijo—. Pero ahora sabemos que está aquí.» Luego se puso el índice en la **sien**,[22] y precisó:

—Aunque en estricto rigor, señor presidente, todo dolor está aquí.

Su estilo clínico era tan dramático, que la sentencia final pareció benévola: el presidente tenía que **someterse**[23] a una operación arriesgada e inevitable. Éste le preguntó cuál era el margen de riesgo, y el viejo doctor lo envolvió en una luz de **incertidumbre**.[24]

—No podríamos decirlo con certeza —le dijo.

---

[13] **monjes**—monks.
[14] **lúgubre**—dismal.
[15] escayolada—put in a cast.
[16] **pulgar**—thumb.
[17] **escurridizo**—elusive.
[18] bajo vientre—lower abdomen.
[19] **punzada**—sharp pain.
[20] ingle—groin.
[21] **despistó**—confused.
[22] **sien**—temple.
[23] **someterse**—to undergo.
[24] **incertidumbre**—uncertainty.

Hasta hacía poco, precisó, los riesgos de accidentes fatales eran grandes, y más aún los de distintas parálisis de diversos grados. Pero con los avances médicos de las dos guerras esos temores eran cosas del pasado.

—Váyase tranquilo —concluyó—. Prepare bien sus cosas, y avísenos. Pero eso sí, no olvide que cuanto antes será mejor.

No era una buena mañana para **digerir**[25] esa mala noticia, y menos a la **intemperie**.[26] Había salido muy temprano del hotel, sin abrigo, porque vio un sol radiante por la ventana, y se había ido con sus pasos contados desde el Chemin du Beau Soleil, donde estaba el hospital, hasta el refugio de enamorados furtivos del Parque Inglés. Llevaba allí más de una hora, siempre pensando en la muerte, cuando empezó el otoño. El lago **se encrespó**[27] como un océano embravecido, y un viento de desorden espantó a las gaviotas y arrasó con las últimas hojas. El presidente se levantó y, en vez de comprársela a la florista, arrancó una **margarita**[28] de los canteros públicos y se la puso en el ojal de la solapa.[29] La florista lo sorprendió.

—Esas flores no son de Dios, señor —le dijo, disgustada—. Son del **ayuntamiento**.[30]

Él no le puso atención. Se alejó con trancos ligeros, empuñando el bastón por el centro de la caña, y a veces haciéndolo girar con un **donaire**[31] un tanto libertino. En el puente del Mont Blanc estaban quitando a toda prisa las banderas de la Confederación enloquecidas por la

---

[25] **digerir**—to digest.

[26] **intemperie**—outside, outdoors.

[27] **se encrespó**—rippled.

[28] **margarita**—daisy.

[29] ojal de la solapa—lapel buttonhole.

[30] **ayuntamiento**—town council.

[31] **donaire**—charm.

ventolera, y el **surtidor**[32] esbelto coronado de **espuma**[33] se apagó antes de tiempo. El presidente no reconoció su cafetería de siempre sobre el muelle, porque habían quitado el **toldo**[34] verde de la **marquesina**[35] y las terrazas floridas del verano acababan de cerrarse. En el salón, las lámparas estaban encendidas a pleno día, y el cuarteto de cuerdas tocaba un Mozart premonitorio. El presidente cogió en el mostrador un periódico de la pila reservada para los clientes, colgó el sombrero y el bastón en la **percha**,[36] se puso los lentes con armadura de oro para leer en la mesa más apartada, y sólo entonces tomó conciencia de que había llegado el otoño. Empezó a leer por la página internacional, donde encontraba muy de vez en cuando alguna noticia de las Américas, y siguió leyendo de atrás hacia adelante hasta que la mesera le llevó su botella diaria de agua de Evian. Hacía más de treinta años que había renunciado al hábito del café por imposición de sus médicos. Pero había dicho: «Si alguna vez tuviera la certidumbre de que voy a morir, volvería a tomarlo.» Quizás la hora había llegado.

—Tráigame también un café —ordenó en un francés perfecto. Y precisó sin reparar en el doble sentido—: A la italiana, como para levantar a un muerto.

Se lo tomó sin azúcar, a **sorbos**[37] lentos, y después puso la taza **bocabajo**[38] en el plato para que el sedimento del café, después de tantos años, tuviera tiempo de escribir su destino. El sabor recuperado lo **redimió**[39] por un instante de su mal pensamiento. Un instante

---

[32] **surtidor**—fountain.

[33] **espuma**—foam.

[34] **toldo**—awning.

[35] **marquesina**—canopy.

[36] **percha**—rack, coatstand.

[37] **sorbos**—sips.

[38] **bocabajo**—upside down.

[39] **redimió**—redeemed, rescued, saved.

después, como parte del mismo **sortilegio**,[40] sintió que alguien lo miraba. Entonces pasó la página con un gesto casual, miró por encima de los lentes, y vio al hombre pálido y sin afeitar, con una **gorra**[41] deportiva y una chaqueta de cordero **volteado**,[42] que apartó la mirada al instante para no tropezar con la suya.

Su cara le era familiar. Se habían cruzado varias veces en el vestíbulo del hospital, lo había vuelto a ver cualquier día en una motoneta por la Promenade du Lac mientras él contemplaba los cisnes, pero nunca se sintió reconocido. No descartó, sin embargo, que fuera otra de las tantas fantasías persecutorias del exilio.

Terminó el periódico sin prisa, flotando en los **chelos**[43] suntuosos de Brahms, hasta que el dolor fue más fuerte que la analgesia de la música. Entonces miró el relojito de oro que llevaba colgado de una leontina[44] en el bolsillo del chaleco, y se tomó las dos tabletas calmantes del mediodía con el último trago del agua de Evian. Antes de quitarse los lentes descifró su destino en el asiento del café, y sintió un estremecimiento glacial: allí estaba la incertidumbre.

Por último pagó la cuenta con una propina estítica, cogió el bastón y el sombrero en la percha, y salió a la calle sin mirar al hombre que lo miraba. Se alejó con su andar festivo, bordeando los canteros de flores despedazadas por el viento, y se creyó liberado del hechizo. Pero de pronto sintió los pasos detrás de los suyos, se detuvo al doblar la esquina, y dio media vuelta. El hombre que lo seguía tuvo que pararse en seco para no tropezar con él, y lo miró sobrecogido, a menos de dos palmos de sus ojos.

---

[40] **sortilegio**—sorcery.

[41] **gorra**—cap.

[42] **volteado**—turned over.

[43] **chelos**—cellos.

[44] leontina—watch chain.

—Señor presidente —murmuró.

—Dígale a los que le pagan que no se hagan ilusiones —dijo el presidente, sin perder la sonrisa ni el encanto de la voz—. Mi salud es perfecta.

—Nadie lo sabe mejor que yo —dijo el hombre, abrumado por la carga de dignidad que le cayó encima—. Trabajo en el hospital.

La dicción y la cadencia, y aun su timidez, eran las de un caribe crudo.

—No me dirá que es médico —le dijo el presidente

—Qué más quisiera yo, señor —dijo el hombre—. Soy chofer de ambulancia.

—Lo siento —dijo el presidente, convencido de su error—. Es un trabajo duro.

—No tanto como el suyo, señor.

Él lo miró sin reservas, se apoyó en el bastón con las dos manos, y le preguntó con un interés real:

—¿De dónde es usted?

—Del Caribe.

—De eso ya me di cuenta —dijo el presidente—. ¿Pero de qué país?

—Del mismo que usted, señor —dijo el hombre, y le tendió la mano—: Mi nombre es Homero Rey.

El presidente lo interrumpió sorprendido, sin soltarle la mano.

—Caray[45] —le dijo—: ¡Qué buen nombre!

Homero se relajó.

—Y es más todavía —dijo—: Homero Rey de la Casa.

Una cuchillada invernal los sorprendió indefensos en mitad de la calle. El presidente se estremeció hasta los huesos y comprendió que no podría caminar sin abrigo las dos cuadras que le faltaban hasta la fonda[46] de pobres donde **solía**[47] comer.

---

[45] Caray—Gosh; Good heavens.

[46] fonda—inn, cheap restaurant.

[47] **solía**—he was accustomed to.

—¿Ya almorzó? —le preguntó a Homero.

—Nunca almuerzo —dijo Homero—. Como una sola vez por la noche en mi casa.

—Haga una excepción por hoy —le dijo él con todos sus encantos a flor de piel—.[48] Lo invito a almorzar.

Lo tomó del brazo y lo condujo hasta el restaurante de enfrente, con el nombre dorado en la marquesina de lona: *Le Boeuf Couronné.* El interior era estrecho y **cálido**,[49] y no parecía haber un sitio libre. Homero Rey, sorprendido de que nadie reconociera al presidente, siguió hasta el fondo del salón para pedir ayuda.

—¿Es presidente en ejercicio? —le preguntó el patrón.

—No —dijo Homero—. Derrocado.

El patrón soltó una sonrisa de aprobación.

—Para esos —dijo— tengo siempre una mesa especial.

Los condujo a un lugar apartado en el fondo del salón donde podían **charlar**[50] a gusto. El presidente se lo agradeció.

—No todos reconocen como usted la dignidad del exilio —dijo.

La especialidad de la casa eran las **costillas**[51] de buey al carbón. El presidente y su invitado miraron en torno, y vieron en las otras mesas los grandes trozos **asados**[52] con un borde de **grasa**[53] tierna. «Es una carne magnífica —murmuró el presidente—. Pero la tengo prohibida.» Fijó en Homero una mirada traviesa, y cambió de tono.

—En realidad, tengo prohibido todo.

---

[48] con todos sus encantos a flor de piel—displaying all his charm.

[49] **cálido**—warm.

[50] **charlar**—chat.

[51] **costillas**—ribs.

[52] **asados**—roasted.

[53] **grasa**—fat.

—También tiene prohibido el café —dijo Homero—, y sin embargo lo toma.

—¿Se dio cuenta? —dijo el presidente—. Pero hoy fue sólo una excepción en un día excepcional.

La excepción de aquel día no fue sólo con el café. También ordenó una costilla de buey al carbón y una ensalada de legumbres frescas sin más aderezos[54] que un chorro de aceite de olivas. Su invitado pidió lo mismo, más media **garrafa**[55] de vino tinto.

Mientras esperaban la carne, Homero sacó del bolsillo de la chaqueta una billetera sin dinero y con muchos papeles, y le mostró al presidente una foto descolorida. Él se reconoció en **mangas**[56] de camisa, con varias libras menos y el cabello y el bigote de un color negro intenso, en medio de un tumulto de jóvenes que se habían empinado[57] para sobresalir. De una sola mirada reconoció el lugar, reconoció los emblemas de una campaña electoral **aborrecible**,[58] reconoció la fecha **ingrata**.[59] «¡Qué barbaridad! —murmuró—. Siempre he dicho que uno **envejece**[60] más rápido en los retratos que en la vida real.» Y devolvió la foto con el gesto de un acto final.

—Lo recuerdo muy bien —dijo—. Fue hace miles de años en la gallera de San Cristóbal de las Casas.

—Es mi pueblo —dijo Homero, y se señaló a sí mismo en el grupo—: Éste soy yo.

El presidente lo reconoció.

—¡Era una criatura!

---

[54] aderezos—dressing.

[55] **garrafa**—carafe.

[56] **mangas**—sleeves.

[57] empinado—stood on their tiptoes.

[58] **aborrecible**—loathsòme, detestable.

[59] **ingrata**—thankless.

[60] **envejece**—ages, grows old.

—Casi —dijo Homero—. Estuve con usted en toda la campaña del sur como **dirigente**[61] de las brigadas universitarias.

El presidente se anticipó al reproche.

—Yo, por supuesto, ni siquiera me fijaba en usted —dijo.

—Al contrario, era muy gentil con nosotros —dijo Homero—. Pero éramos tantos que no es posible que se acuerde.

—¿Y luego?

—¿Quién lo puede saber más que usted? —dijo Homero—. Después del golpe militar,[62] lo que es un milagro es que los dos estemos aquí, listos para comernos medio buey. No muchos tuvieron la misma suerte.

En ese momento les llevaron los platos. El presidente se puso la servilleta en el cuello, como un babero[63] de niño, y no fue insensible a la callada sorpresa del invitado. «Si no hiciera esto perdería una corbata en cada comida», dijo. Antes de empezar probó la sazón de la carne, la aprobó con un gesto complacido, y volvió al tema.

—Lo que no me explico —dijo— es por qué no se me había acercado antes en vez de seguirme como un **sabueso**.[64]

Entonces Homero le contó que lo había reconocido desde que lo vio entrar en el hospital por una puerta reservada para casos muy especiales. Era pleno verano, y él llevaba el traje completo de lino blanco de las Antillas, con zapatos combinados en blanco y negro, la margarita en el ojal, y la hermosa cabellera **alborotada**[65] por el viento. Homero averiguó que estaba solo en Ginebra, sin ayuda de nadie, pues conocía de memoria la ciudad donde había terminado sus estudios de leyes.

---

[61] **dirigente**—leader.

[62] **golpe militar**—coup; overthrow of the established government.

[63] **babero**—bib.

[64] **sabueso**—sleuth, detective.

[65] **alborotada**—disheveled.

La dirección del hospital, a solicitud suya, tomó las determinaciones internas para asegurar el incógnito absoluto. Esa misma noche, Homero se concertó con su mujer para hacer contacto con él. Sin embargo, lo había seguido durante cinco semanas buscando una ocasión propicia, y quizás no habría sido capaz de saludarlo si él no lo hubiera enfrentado.

—Me alegro que lo haya hecho —dijo el presidente—, aunque la verdad es que no me molesta para nada estar solo.

—No es justo.

—¿Por qué? —preguntó el presidente con sinceridad—. La mayor victoria de mi vida ha sido lograr que me olviden.

—Nos acordamos de usted más de lo que usted se imagina —dijo Homero sin **disimular**[66] su emoción—. Es una alegría verlo así, sano y joven.

—Sin embargo —dijo él sin dramatismo—, todo indica que moriré muy pronto.

—Sus probabilidades de salir bien son muy altas —dijo Homero.

El presidente dio un **salto**[67] de sorpresa, pero no perdió la gracia.

—¡Ah caray! —exclamó—. ¿Es que en la bella Suiza se abolió el **sigilo**[68] médico?

—En ningún hospital del mundo hay secretos para un chofer de ambulancias —dijo Homero.

—Pues lo que yo sé lo he sabido hace apenas dos horas y por boca del único que debía saberlo.

—En todo caso, usted no moriría en vano —dijo Homero—. Alguien lo pondrá en el lugar que le corresponde como un gran ejemplo de dignidad.

---

[66] **disimular**—hiding.

[67] **salto**—jump.

[68] **sigilo**—secrecy, discretion.

El presidente **fingió**[69] un asombro cómico.

—Gracias por **prevenirme**[70] —dijo.

Comía como hacía todo: despacio y con una gran **pulcritud**.[71] Mientras tanto miraba a Homero directo a los ojos, de modo que éste tenía la impresión de ver lo que él pensaba. Al cabo de una larga conversación de evocaciones nostálgicas, hizo una sonrisa maligna.

—Había decidido no preocuparme por mi cadáver —dijo—, pero ahora veo que debo tomar ciertas precauciones de novela policiaca para que nadie lo encuentre.

—Será inútil —**bromeó**[72] Homero a su vez—. En el hospital no hay misterios que duren más de una hora.

Cuando terminaron con el café, el presidente leyó el fondo de su taza, y volvió a estremecerse: el mensaje era el mismo. Sin embargo, su expresión no se alteró. Pagó la cuenta en efectivo, pero antes verificó la suma varias veces, contó varias veces el dinero con un cuidado excesivo, y dejó una propina que sólo **mereció**[73] un **gruñido**[74] del mesero.

—Ha sido un placer —concluyó, al despedirse de Homero—. No tengo fecha para la operación, y ni siquiera he decidido si voy a someterme o no. Pero si todo sale bien volveremos a vernos.

—¿Y por qué no antes? —dijo Homero—. Lázara, mi mujer, es cocinera de ricos. Nadie prepara el arroz con **camarones**[75] mejor que ella, y nos gustaría tenerlo en casa una noche de éstas.

—Tengo prohibidos los mariscos, pero los comeré con mucho gusto —dijo él—. Dígame cuándo.

---

[69] **fingió**—feigned, simulated.

[70] **prevenirme**—preparing me, warning me.

[71] **pulcritud**—tidiness.

[72] **bromeó**—joked.

[73] **mereció**—deserved.

[74] **gruñido**—grunt.

[75] **camarones**—shrimps.

—El jueves es mi día libre —dijo Homero.

—Perfecto —dijo el presidente—. El jueves a las siete de la noche estoy en su casa. Será un placer.

—Yo pasaré a **recogerlo**[76] —dijo Homero—. Hotelerie Dames, 14 rue de l'Industrie. Detrás de la estación. ¿Es correcto?

—Correcto —dijo el presidente, y se levantó más **encantador**[77] que nunca—. Por lo visto, sabe hasta el número que calzo.[78]

—Claro, señor —dijo Homero, divertido—: cuarenta y uno.

Lo que Homero Rey no le contó al presidente, pero se lo siguió contando durante años a todo el que quiso oírlo, fue que su propósito inicial no era tan inocente. Como otros choferes de ambulancia, tenía arreglos con empresas funerarias y compañías de seguros para vender servicios dentro del mismo hospital, sobre todo a pacientes extranjeros de escasos recursos. Eran ganancias mínimas, y además había que repartirlas con otros empleados que se pasaban de mano en mano los informes secretos sobre los enfermos graves. Pero era un buen consuelo para un **desterrado**[79] sin porvenir que subsistía a duras penas con su mujer y sus dos hijos con un **sueldo**[80] ridículo.

Lázara Davis, su mujer, fue más realista. Era una mulata fina de San Juan de Puerto Rico, **menuda**[81] y **maciza**,[82] del color del caramelo en reposo y con unos ojos de perra brava que le iban muy bien a su modo de ser. Se habían conocido en los servicios de caridad del

---

[76] **recogerlo**—pick you up.

[77] **encantador**—charming.

[78] el número que calzo—the shoe size I wear.

[79] **desterrado**—exile.

[80] **sueldo**—salary.

[81] **menuda**—slight, tiny.

[82] **maciza**—solidly made, stoutly made.

hospital, donde ella trabajaba como ayudante de todo después que un rentista[83] de su país, que la había llevado como **niñera**,[84] la dejó al garete[85] en Ginebra. Se habían casado por el rito católico, aunque ella era princesa yoruba,[86] y vivían en una sala y dos dormitorios en el octavo piso sin ascensor de un edificio de emigrantes africanos. Tenían una niña de nueve años, Bárbara, y un niño de siete, Lázaro, con algunos índices menores de retraso mental.[87]

Lázara Davis era inteligente y de mal carácter, pero de entrañas tiernas.[88] Se consideraba a sí misma como una Tauro[89] pura, y tenía una fe ciega en sus **augurios**[90] astrales. Sin embargo, nunca pudo cumplir el sueño de ganarse la vida como astróloga de millonarios. En cambio, **aportaba**[91] a la casa recursos ocasionales, y a veces importantes, preparando cenas para señoras ricas que se **lucían**[92] con sus invitados haciéndoles creer que eran ellas las que cocinaban los excitantes platos antillanos.[93] Homero, por su parte, era tímido de solemnidad, y no daba para más de lo poco que hacía, pero Lázara no concebía la vida sin él por la inocencia de su corazón y el calibre de su arma. Les había ido bien, pero los años venían cada vez más duros y los niños crecían. Por los tiempos en que llegó el presidente habían empezado a picotear sus **ahorros**[94] de cinco años.

---

[83] rentista—person who lives off the income from investments.

[84] **niñera**—nanny.

[85] la dejó al garete—left her adrift.

[86] yoruba—from the Southwest of Nigeria.

[87] retraso mental—mental deficiency.

[88] de entrañas tiernas—a good-hearted woman.

[89] Tauro—Taurus; person born under this astrological sign (April 20–May 20).

[90] **augurios**—predictions.

[91] **aportaba**—she was bringing.

[92] **lucían**—distinguished themselves.

[93] antillanos—West Indian, of the Antilles.

[94] **ahorros**—savings.

De modo que cuando Homero Rey lo descubrió entre los enfermos incógnitos del hospital, se les fue la mano en las ilusiones.

No sabían a ciencia cierta qué le iban a pedir, ni con qué derecho. En el primer momento habían pensado venderle el funeral completo, incluidos el embalsamamiento y la repatriación. Pero poco a poco se fueron dando cuenta de que la muerte no parecía tan inminente como al principio. El día del almuerzo estaban ya **aturdidos**[95] por las dudas.

La verdad es que Homero no había sido dirigente de brigadas universitarias, ni nada parecido, y la única vez que participó en la campaña electoral fue cuando tomaron la foto que habían logrado encontrar por milagro traspapelada en el ropero. Pero su fervor era cierto. Era cierto también que había tenido que huir del país por su participación en la resistencia callejera contra el golpe militar, aunque la única razón para seguir viviendo en Ginebra después de tantos años era su pobreza de espíritu. Así que una mentira de más o de menos no debía ser un obstáculo para ganarse el favor del presidente.

La primera sorpresa de ambos fue que el desterrado ilustre viviera en un hotel de cuarta categoría en el barrio triste de la Grotte, entre emigrantes asiáticos y mariposas de la noche, y que comiera solo en fondas de pobres, cuando Ginebra estaba llena de residencias dignas para políticos en desgracia. Homero lo había visto repetir día tras día los actos de aquel día. Lo había acompañado de vista, y a veces a una distancia menos que prudente, en sus paseos nocturnos por entre los muros lúgubres y los colgajos de campánulas amarillas de la ciudad vieja. Lo había visto absorto durante horas frente a la estatua de Calvino. Había subido tras él paso a paso la escalinata de piedra, sofocado por el perfume

---

[95] **aturdidos**—bewildered.

ardiente de los jazmines, para contemplar los lentos atardeceres del verano desde la cima del Bourg-le-Four. Una noche lo vio bajo la primera llovizna, sin abrigo ni paraguas, haciendo la cola con los estudiantes para un concierto de Rubinstein. «No sé cómo no le ha dado una pulmonía», le dijo después a su mujer. El sábado anterior, cuando el tiempo empezó a cambiar, lo había visto comprando un abrigo de otoño con un cuello de visones falsos, pero no en las tiendas luminosas de la rue du Rhône, donde compraban los emires fugitivos, sino en el Mercado de las Pulgas.

—¡Entonces no hay nada qué hacer! —exclamó Lázara cuando Homero se lo contó—. Es un **avaro**[96] de mierda, capaz de hacerse enterrar por la beneficencia en la **fosa**[97] común. Nunca le sacaremos nada.

—A lo mejor es pobre de verdad —dijo Homero—, después de tantos años sin empleo.

—Ay, negro, una cosa es ser Piscis con ascendente Piscis y otra cosa es ser pendejo[98] —dijo Lázara. Todo el mundo sabe que se alzó con el oro del gobierno y que es el exiliado más rico de la Martinica. Homero, que era diez años mayor, había crecido impresionado con la noticia de que el presidente estudió en Ginebra, trabajando como obrero de la construcción. En cambio Lázara se había criado entre los escándalos de la prensa enemiga, magnificados en una casa de enemigos, donde fue niñera desde niña. Así que la noche en que Homero llegó ahogándose de júbilo porque había almorzado con el presidente, a ella no le valió el argumento de que lo había invitado a un restaurante caro. Le molestó que Homero no le hubiera pedido nada de lo mucho que habían soñado, desde becas para los niños hasta un empleo mejor en el hospital. Le pareció una confirmación

---

[96] **avaro**—miser.

[97] **fosa**—grave.

[98] pendejo—an idiot.

de sus sospechas la decisión de que le echaran el cadáver a los **buitres**[99] en vez de gastarse sus francos en un entierro digno y una repatriación gloriosa. Pero lo que rebosó el vaso[100] fue la noticia que Homero se reservó para el final, de que había invitado al presidente a comer arroz de camarones el jueves en la noche.

—No más eso nos faltaba —gritó Lázara—, que se nos muera aquí, **envenenado**[101] con camarones de lata, y tengamos que enterrarlo con los ahorros de los niños.

Lo que al final determinó su conducta fue el peso de su lealtad conyugal. Tuvo que pedir prestado a una vecina tres juegos de cubiertos de alpaca y una ensaladera de cristal, a otra una cafetera eléctrica, a otra un mantel bordado y una vajilla china para el café. Cambió las cortinas viejas por las nuevas, que sólo usaban en los días de fiesta, y les quitó el forro a los muebles. Pasó un día entero **fregando**[102] los pisos, sacudiendo el polvo, cambiando las cosas de lugar, hasta que logró lo contrario de lo que más les hubiera convenido, que era conmover al invitado con el decoro de la pobreza.

El jueves en la noche, después que se repuso del ahogo de los ocho pisos, el presidente apareció en la puerta con el nuevo abrigo viejo y el sombrero melón de otro tiempo, y con una sola rosa para Lázara. Ella se impresionó con su hermosura viril y sus maneras de príncipe, pero más allá de todo eso lo vio como esperaba verlo: falso y **rapaz**.[103] Le pareció impertinente, porque ella había cocinado con las ventanas abiertas para evitar que el vapor de los camarones impregnara la casa, y lo primero que hizo él al entrar fue aspirar a fondo, como en un éxtasis súbito, y exclamó con los ojos cerrados y

---

[99] **buitres**—vultures.

[100] lo que rebosó el vaso—the straw that broke the camel's back.

[101] **envenenado**—poisoned.

[102] **fregando**—moping.

[103] **rapaz**—rapacious, greedy.

los brazos abiertos: «¡Ah, el olor de nuestro mar!» Le pareció más **tacaño**[104] que nunca por llevarle una sola rosa, robada sin duda en los jardines públicos. Le pareció insolente, por el **desdén**[105] con que miró los recortes de periódicos[106] sobre sus glorias presidenciales, y los gallardetes y banderines[107] de la campaña, que Homero había **clavado**[108] con tanto candor en la pared de la sala. Le pareció duro de corazón, porque no saludó siquiera a Bárbara y a Lázaro, que le tenían un regalo hecho por ellos, y en el curso de la cena se refirió a dos cosas que no podía soportar: los perros y los niños. Lo odió. Sin embargo, su sentido caribe de la hospitalidad se impuso sobre sus **prejuicios**.[109] Se había puesto la **bata**[110] africana de sus noches de fiesta y sus collares y pulseras de santería, y no hizo durante la cena un solo gesto ni dijo una palabra de sobra. Fue más que irreprochable: perfecta.

La verdad era que el arroz de camarones no estaba entre las virtudes de su cocina, pero lo hizo con los mejores deseos, y le quedó muy bien. El presidente se sirvió dos veces sin **medirse**[111] en los **elogios**,[112] y le encantaron las **tajadas**[113] fritas de plátano maduro y la ensalada de aguacate,[114] aunque no compartió las nostalgias. Lázara se conformó con escuchar hasta los postres, cuando Homero **se atascó**[115] sin que viniera a cuento en el callejón sin salida de la existencia de Dios.

---

[104] **tacaño**—mean, stingy.

[105] **desdén**—scorn, disdain.

[106] recortes de periódicos—newspaper cuttings, press clippings.

[107] gallardetes y banderines—streamers and little flags; pendants.

[108] **clavado**—nailed.

[109] **prejuicios**—prejudices.

[110] **bata**—dressing gown.

[111] **medirse**—measuring up.

[112] **elogios**—praises.

[113] **tajadas**—slices.

[114] aguacate—avocado.

[115] **se atascó**—choked up.

—Yo sí creo que existe —dijo el presidente—, pero que no tiene nada que ver con los seres humanos. Anda en cosas mucho más grandes.

—Yo sólo creo en los astros —dijo Lázara, y escrutó[116] la reacción del presidente—. ¿Qué día nació usted?

—Once de marzo.

—Tenía que ser —dijo Lázara, con un sobresalto triunfal, y preguntó de buen tono—: ¿No serán demasiado dos Piscis en una misma mesa?

Los hombres seguían hablando de Dios cuando ella se fue a la cocina a preparar el café. Había recogido los trastos de la comida y ansiaba[117] con toda su alma que la noche terminara bien. De regreso a la sala con el café le salió al encuentro una frase suelta[118] del presidente que la dejó atónita:[119]

—No lo dude, mi querido amigo: lo peor que pudo pasarle a nuestro pobre país es que yo fuera presidente.

Homero vio a Lázara en la puerta con las tazas[120] chinas y la cafetera prestada, y creyó que se iba a desmayar.[121] También el presidente se fijó[122] en ella. «No me mire así, señora —le dijo de buen tono—. Estoy hablando con el corazón.» Y luego, volviéndose a Homero, terminó:

—Menos mal que estoy pagando cara mi insensatez.

Lázara sirvió el café, apagó la lámpara cenital de la mesa cuya luz inclemente estorbaba para conversar, y la sala quedó en una penumbra[123] íntima. Por primera vez

---

[116] **escrutó**—examined.

[117] **ansiaba**—longed for.

[118] **suelta**—isolated.

[119] **atónita**—astounded.

[120] **tazas**—cups.

[121] **desmayar**—to faint.

[122] **se fijó**—noticed.

[123] penumbra—penumbra, semi-darkness.

se interesó en el invitado, cuya gracia **no alcanzaba**[124] a disimular su tristeza. La curiosidad de Lázara aumentó cuando él terminó el café y puso la taza bocabajo en el plato para que reposara el asiento.

El presidente les contó en la sobremesa que había escogido la isla de Martinica para su destierro, por la amistad con el poeta Aimé Césaire, que por aquel entonces acababa de publicar su *Cahier d'un retour au pays natal,* y le prestó ayuda para iniciar una nueva vida. Con lo que les quedaba de la herencia de la esposa compraron una casa de maderas nobles en las **colinas**[125] de Fort de France, con alambreras en las ventanas y una terraza de mar llena de flores primitivas, donde era un **gozo**[126] dormir con el alboroto de los **grillos**[127] y la brisa de **melaza**[128] y ron de caña de los trapiches.[129] Se quedó allí con la esposa, catorce años mayor que él y enferma desde su parto[130] único, **atrincherado**[131] contra el destino en la relectura viciosa de sus clásicos latinos, en latín, y con la convicción de que aquél era el acto final de su vida. Durante años tuvo que resistir las **tentaciones**[132] de toda clase de aventuras que le proponían sus partidarios derrotados.

—Pero nunca volví a abrir una carta —dijo—. Nunca, desde que descubrí que hasta las más urgentes eran menos urgentes una semana después, y que a los dos meses no se acordaba de ellas ni el que las había escrito.

---

[124] **no alcanzaba**—didn't manage.

[125] **colinas**—hills.

[126] **gozo**—pleasure.

[127] **grillos**—crickets.

[128] **melaza**—molasses.

[129] trapiches—sugar mills.

[130] parto—childbirth, delivery.

[131] **atrincherado**—entrenched.

[132] **tentaciones**—temptations.

Miró a Lázara a media luz cuando encendió un cigarrillo, y se lo quitó con un movimiento ávido de los dedos. Le dio una **chupada**[133] profunda, y retuvo el humo en la garganta. Lázara, sorprendida, cogió la cajetilla y los **fósforos**[134] para encender otro, pero él le devolvió el cigarrillo encendido. «Fuma usted con tanto gusto que no pude resistir la tentación», le dijo él. Pero tuvo que soltar el humo porque sufrió un principio de **tos.**[135]

—Abandoné el **vicio**[136] hace muchos años, pero él no me abandonó a mí por completo —dijo—. Algunas veces ha logrado **vencerme.**[137] Como ahora.

La tos le dio dos **sacudidas**[138] más. Volvió el dolor. El presidente miró la hora en el relojito de bolsillo, y tomó las dos tabletas de la noche. Luego escrutó el fondo de la taza: no había cambiado nada, pero esta vez no se estremeció.

—Algunos de mis antiguos partidarios han sido presidentes después que yo —dijo.

—Sáyago —dijo Homero.

—Sáyago y otros —dijo él—. Todos como yo: usurpando un honor que no merecíamos con un oficio que no sabíamos hacer. Algunos **persiguen**[139] sólo el poder, pero la mayoría busca todavía menos: el empleo.

Lázara **se encrespó.**[140]

—¿Usted sabe lo que dicen de usted? —le preguntó. Homero, alarmado, intervino:

—Son mentiras.

---

[133] **chupada**—puff.

[134] **fósforos**—matches.

[135] **tos**—cough.

[136] **vicio**—vice.

[137] **vencerme**—to defeat me.

[138] **sacudidas**—jolts, jerks.

[139] **persiguen**—pursue.

[140] **se encrespó**—got irritated, got cross.

—Son mentiras y no lo son —dijo el presidente con una calma celestial—. Tratándose de un presidente, las peores **ignominias**[141] pueden ser las dos cosas al mismo tiempo: verdad y mentira.

Había vivido en la Martinica todos los días del exilio, sin más contactos con el exterior que las pocas noticias del periódico oficial, **sosteniéndose**[142] con clases de español y latín en un **liceo**[143] oficial y con las traducciones que a veces le encargaba Aimé Césaire. El calor era insoportable en agosto, y él se quedaba en la hamaca hasta el mediodía, leyendo al **arrullo**[144] del ventilador de aspas[145] del dormitorio. Su mujer se ocupaba de los pájaros que criaba en libertad, aun en las horas de más calor, protegiéndose del sol con un sombrero de **paja**[146] de alas grandes, adornado de frutillas artificiales y flores de organdí. Pero cuando bajaba el calor era bueno tomar el fresco en la terraza, él con la vista fija en el mar hasta que **se hundía**[147] en las **tinieblas**,[148] y ella en su mecedor de **mimbre**,[149] con el sombrero roto y las sortijas de fantasía en todos los dedos, viendo pasar los buques del mundo. «Ese va para Puerto Santo», decía ella. «Ese casi no puede andar con la carga de guineos de Puerto Santo», decía. Pues no le parecía posible que pasara un **buque**[150] que no fuera de su tierra. Él se hacía el sordo,[151] aunque al final ella logró olvidar mejor que él, porque se quedó sin memoria. Permanecían así hasta que terminaban los crepúsculos

---

[141] **ignominias**—dishonor, shame, disgrace.

[142] **sosteniéndose**—supporting himself.

[143] **liceo**—school.

[144] **arrullo**—rustle.

[145] ventilador de aspas—rotary fan.

[146] **paja**—straw.

[147] **se hundía**—he sunk, he vanished.

[148] **tinieblas**—shadows.

[149] **mimbre**—wicker.

[150] **buque**—ship, vessel.

[151] se hacía el sordo—pretended not to hear.

fragorosos,[152] y tenían que refugiarse en la casa derrotados por los **zancudos**.[153] Uno de esos tantos agostos, mientras leía el periódico en la terraza, el presidente dio un salto de asombro.

—¡Ah, caray! —dijo—. ¡He muerto en Estoril!

Su esposa, evitando en el sopor, se espantó con la noticia. Eran seis líneas en la página quinta del periódico que **se imprimía**[154] a la vuelta de la esquina, en el cual se publicaban sus traducciones ocasionales, y cuyo director pasaba a visitarlo de vez en cuando. Y ahora decía que había muerto en Estoril de Lisboa, balneario[155] y **guarida**[156] de la decadencia europea, donde nunca había estado, y tal vez el único lugar del mundo donde no hubiera querido morir. La esposa murió de veras un año después, atormentada por el último recuerdo que le quedaba para aquel instante: el del único hijo, que había participado en el derrocamiento de su padre, y fue **fusilado**[157] más tarde por sus propios cómplices.

El presidente suspiró. «Así somos, y nada podrá redimirnos —dijo—. Un continente **concebido**[158] por las heces[159] del mundo entero sin un instante de amor: hijos de raptos, de violaciones, de tratos infames, de **engaños**,[160] de enemigos con enemigos.» Se enfrentó a los ojos africanos de Lázara, que lo **escudriñaban**[161] sin piedad, y trató de **amansarla**[162] con su labia de viejo maestro.

---

[152] **fragorosos**—thunderous.

[153] **zancudos**—mosquitos.

[154] **se imprimía**—was printed.

[155] balneario—spa, health resort.

[156] **guarida**—refuge.

[157] **fusilado**—shot.

[158] **concebido**—conceived.

[159] heces—dregs, scum.

[160] **engaños**—deceptions.

[161] **escudriñaban**—scrutinized.

[162] **amansarla**—to tame her.

—La palabra mestizaje significa mezclar las lágrimas con la sangre que corre. ¿Qué puede esperarse de semejante **brebaje**?[163]

Lázara lo clavó en su sitio con un silencio de muerte. Pero logró sobreponerse, poco antes de la medianoche, y lo despidió con un beso formal. El presidente se **opuso**[164] a que Homero lo acompañara al hotel, pero no pudo impedir que lo ayudara a conseguir un taxi. De regreso a casa, Homero encontró a su mujer **descompuesta**[165] de furia.

—Ése es el presidente mejor **tumbado**[166] del mundo —dijo ella—. Un tremendo hijo de puta.

A pesar de los esfuerzos que hizo Homero por tranquilizarla, pasaron en vela una noche terrible. Lázara reconocía que era uno de los hombres más bellos que había visto, con un poder de seducción **devastadora**[167] y una virilidad de semental. «Así como está, viejo y jodido, debe ser todavía un tigre en la cama», dijo. Pero creía que esos dones de Dios los había **malbaratado**[168] al servicio de la simulación. No podía soportar sus **alardes**[169] de haber sido el peor presidente de su país. Ni sus **ínfulas**[170] de asceta,[171] si estaba convencida de que era dueño de la mitad de los ingenios de la Martinica. Ni la hipocresía de su **desdén**[172] por el poder, si era evidente que lo daría todo por volver un minuto a la presidencia para hacerles **morder**[173] el polvo a sus enemigos.

---

[163] **brebaje**—mixture; potion.

[164] **opuso**—opposed.

[165] **descompuesta**—worked up.

[166] **tumbado**—overthrown.

[167] **devastadora**—devastating.

[168] **malbaratado**—squandered.

[169] **alardes**—boasts.

[170] **ínfulas**—pretensions, conceits.

[171] asceta—ascetic, hermit; person who gives up material comforts.

[172] **desdén**—disdain, scorn.

[173] **morder**—bite.

—Y todo eso —concluyó— sólo por tenernos **rendidos**[174] a sus pies.

—¿Qué puede ganar con eso? —dijo Homero.

—Nada —dijo ella—. Lo que pasa es que la **coquetería**[175] es un vicio que no **se sacia**[176] con nada.

Era tanta su furia, que Homero no pudo soportarla en la cama, y se fue a terminar la noche envuelto con una manta en el **diván**[177] de la sala. Lázara se levantó también en la madrugada, desnuda de cuerpo entero, como solía dormir y estar en casa, y hablando consigo misma en un monólogo de una sola **cuerda**.[178] En un momento borró de la memoria de la humanidad todo rastro de la cena indeseable. Devolvió al amanecer las cosas prestadas, cambió las cortinas nuevas por las viejas y puso los muebles en su lugar, hasta que la casa volvió a ser tan pobre y decente como había sido hasta la noche anterior. Por último arrancó los recortes de **prensa**,[179] los retratos, los banderines y gallardetes de la campaña abominable, y tiró todo en el cajón de la basura con un grito final.

—¡Al carajo!

* * *

Una semana después de la cena, Homero encontró al presidente esperándolo a la salida del hospital, con la súplica de que lo acompañara a su hotel. Subieron los tres pisos **empinados**[180] hasta una mansarda[181] con una sola **claraboya**[182] que daba a un cielo de **ceniza**,[183]

---

[174] **rendidos**—humbled.

[175] **coquetería**—flirtatiousness.

[176] **se sacia**—is satisfied, is sated.

[177] **diván**—couch.

[178] **cuerda**—chord.

[179] **prensa**—the press.

[180] **empinados**—steep.

[181] mansarda—attic.

[182] **claraboya**—skylight.

[183] **ceniza**—ash, cinder.

y atravesada por una cuerda con ropa puesta a secar. Había además una cama matrimonial que ocupaba la mitad del espacio, una silla simple, un aguamanil y un bidé[184] portátil, y un ropero de pobres con el espejo nublado. El presidente notó la impresión de Homero.

—Es el mismo cubil[185] donde viví mis años de estudiante —le dijo, como excusándose—. Lo reservé desde Fort de France.

Sacó de una bolsa de terciopelo y desplegó sobre la cama el saldo final de sus recursos: varias pulseras de oro con distintos adornos de piedras preciosas, un collar de perlas de tres vueltas y otros dos de oro y piedras preciosas; tres cadenas de oro con medallas de santos y un par de **aretes**[186] de oro con esmeraldas, otro con diamantes y otro con rubíes; dos relicarios y un guardapelos, once sortijas con toda clase de monturas preciosas y una diadema[187] de brillantes que pudo haber sido de una reina. Luego sacó de un **estuche**[188] distinto tres pares de mancuernas[189] de plata y dos de oro con sus correspondientes pisacorbatas,[190] y un reloj de bolsillo **enchapado**[191] en oro blanco. Por último sacó de una caja de zapatos sus seis condecoraciones:[192] dos de oro, una de plata, y el resto, **chatarra**[193] pura.

—Es todo lo que me queda en la vida —dijo.

No tenía más alternativas que venderlo todo para completar los gastos médicos, y deseaba que Homero le hiciera el favor con el mayor sigilo. Sin embargo

---

[184] bidé—bidet; a bathroom fixture used especially for bathing the posterior parts of the body.

[185] cubil—den, lair; a resting or sleeping place.

[186] **aretes**—earrings.

[187] diadema—diadem, tiara, crown.

[188] **estuche**—case.

[189] mancuernas—cufflinks.

[190] pisacorbatas—tiepins.

[191] **enchapado**—plated.

[192] condecoraciones—decorations (medals, badges, insignias, for example).

[193] **chatarra**—scrap iron.

Homero no se sintió capaz de complacerlo mientras no tuviera las **facturas**[194] en regla.

El presidente le explicó que eran las **prendas**[195] de su esposa heredadas de una abuela colonial que a su vez había heredado un paquete de acciones en minas de oro en Colombia. El reloj, las mancuernas y los pisacorbatas eran suyos. Las condecoraciones, por supuesto, no fueron antes de nadie.

—No creo que alguien tenga facturas de cosas así —dijo.

Homero fue inflexible.

—En ese caso —reflexionó el presidente—, no me quedará más remedio que dar la cara.[196]

Empezó a recoger las joyas con una calma calculada. «Le **ruego**[197] que me perdone, mi querido Homero, pero es que no hay peor pobreza que la de un presidente pobre —le dijo—. Hasta sobrevivir parece indigno.» En ese instante, Homero lo vio con el corazón, y le rindió sus armas.

Aquella noche, Lázara regresó tarde a casa. Desde la puerta vio las joyas radiantes bajo la luz mercurial del comedor, y fue como si hubiera visto un **alacrán**[198] en su cama.

—No seas bruto, negro —dijo, asustada—. ¿Por qué están aquí esas cosas?

La explicación de Homero la inquietó todavía más. Se sentó a examinar las joyas, una por una, con una meticulosidad de **orfebre**.[199] A un cierto momento suspiró: «Debe ser una fortuna.» Por último se quedó

---

[194] **facturas**—bills.

[195] **prendas**—jewels.

[196] dar la cara—to face the consequences of what has been done.

[197] **ruego**—I beg.

[198] **alacrán**—scorpion.

[199] **orfebre**—goldsmith, silversmith.

mirando a Homero sin encontrar una salida para su **ofuscación.**[200]

—Carajo —dijo—. ¿Cómo hace uno para saber si todo lo que ese hombre dice es verdad?

—¿Y por qué no? —dijo Homero—. Acabo de ver que él mismo lava su ropa, y la seca en el cuarto igual que nosotros, colgada en un alambre.

—Por tacaño —dijo Lázara.

—O por pobre —dijo Homero.

Lázara volvió a examinar las joyas, pero ahora con menos atención, porque también ella estaba vencida. Así que la mañana siguiente se vistió con lo mejor que tenía, **se aderezó**[201] con las joyas que le parecieron más caras, se puso cuantas sortijas pudo en cada dedo, hasta en el pulgar, y cuantas pulseras pudo ponerse en cada brazo, y se fue a venderlas. «A ver quién le pide facturas a Lázara Davis», dijo al salir, pavoneándose de risa. Escogió la joyería exacta, con mas ínfulas que prestigio, donde sabía que se vendía y se compraba sin demasiadas preguntas, y entró aterrorizada pero **pisando**[202] firme.

Un vendedor vestido de etiqueta, enjuto y pálido, le hizo una venia teatral al besarle la mano, y se puso a sus órdenes. El interior era más claro que el día, por los espejos y las luces intensas, y la tienda entera parecía de diamante. Lázara, sin mirar apenas al empleado por temor de que se le notara la farsa, siguió hasta el fondo.

El empleado la invitó a sentarse ante uno de los tres escritorios Luis XV que servían de mostradores individuales, y extendió encima un pañuelo inmaculado. Luego se sentó frente a Lázara, y esperó.

—¿En qué puedo servirle?

Ella se quitó las sortijas, las pulseras, los collares, los aretes, todo lo que llevaba a la vista, y fue poniéndolos

---

[200] **ofuscación**—confusion.

[201] **se aderezó**—she made herself beautiful.

[202] **pisando**—treading, walking.

sobre el escritorio en un orden de **ajedrez**.[203] Lo único que quería, dijo, era conocer su verdadero valor.

El joyero se puso el **monóculo**[204] en el ojo izquierdo, y empezó a examinar las **alhajas**[205] con un silencio clínico. Al cabo de un largo rato, sin interrumpir el examen, preguntó:

—¿De dónde es usted?

Lázara no había previsto esa pregunta.

—Ay, mi señor —suspiró—. De muy lejos.

—Me lo imagino —dijo él.

Volvió al silencio, mientras Lázara lo escudriñaba sin misericordia con sus terribles ojos de oro. El joyero le consagró una atención especial a la diadema de diamantes, y la puso aparte de las otras joyas. Lázara suspiró.

—Es usted un Virgo perfecto —dijo.

El joyero no interrumpió el examen.

—¿Cómo lo sabe?

—Por el modo de ser —dijo Lázara.

Él no hizo ningún comentario hasta que terminó, y se dirigió a ella con la misma parsimonia del principio.

—¿De dónde viene todo esto?

—Herencia de una abuela —dijo Lázara con voz tensa—. Murió el año pasado en Paramaribo a los noventa y siete años.

El joyero la miró entonces a los ojos. «Lo siento mucho —le dijo—. Pero el único valor de estas cosas es lo que pese el oro.» Cogió la diadema con la punta de los dedos y la hizo brillar bajo la luz deslumbrante.

—Salvo ésta —dijo—. Es muy antigua, egipcia tal vez, y sería invaluable si no fuera por el mal estado de los brillantes. Pero de todos modos tiene un cierto valor histórico.

---

[203] **ajedrez**—chess.

[204] monóculo—monocle; an eyeglass for one eye.

[205] **alhajas**—jewels.

En cambio, las piedras de las otras alhajas, las amatistas, las esmeraldas, los rubíes, los ópalos, todas, sin excepción, eran falsas. «Sin duda las originales fueron buenas, dijo el joyero, mientras recogía las prendas para devolverlas. «Pero de tanto pasar de una generación a otra se han ido quedando en el camino las piedras legítimas, reemplazadas por culos de botella.»[206]

Lázara sintió una náusea verde, respiró hondo y dominó el pánico. El vendedor la consoló:

—Ocurre a menudo, señora.

—Ya lo sé —dijo Lázara, **aliviada**—.[207] Por eso quiero salir de ellas.

Entonces sintió que estaba más allá de la farsa, y volvió a ser ella misma. Sin más vueltas sacó del bolso las mancuernas, el reloj de bolsillo, los pisacorbatas, las condecoraciones de oro y plata, y el resto de baratijas personales del presidente, y puso todo sobre la mesa.

—¿También esto? —preguntó el joyero.

—Todo —dijo Lázara.

Los francos suizos con que le pagaron eran tan nuevos que temió **mancharse**[208] los dedos con la tinta fresca. Los recibió sin contarlos, y el joyero la despidió en la puerta con la misma ceremonia del saludo. Ya de salida, sosteniendo la puerta de cristal para cederle el paso, la demoró un instante.

—Y una última cosa, señora —le dijo—: soy Acuario.

A la prima noche Homero y Lázara llevaron el dinero al hotel. Hechas otra vez las cuentas, faltaba un poco más. De modo que el presidente se quitó y fue poniendo sobre la cama el anillo matrimonial, el reloj con la leontina y las mancuernas y el pisacorbatas que estaba usando.

---

[206] culos de botella—bottoms of bottles.

[207] **aliviada**—relieved.

[208] **mancharse**—to stain.

Lázara le devolvió el anillo.

—Esto no —le dijo—. Un recuerdo así no se puede vender.

El presidente lo admitió y volvió a ponerse el anillo. Lázara le devolvió así mismo el reloj del chaleco. «Esto tampoco», dijo. El presidente no estuvo de acuerdo pero ella lo puso en su lugar.

—¿A quién se le ocurre vender relojes en Suiza?

—Ya vendimos uno —dijo el presidente.

—Sí, pero no por el reloj sino por el oro.

—También éste es de oro —dijo el presidente.

—Sí —dijo Lázara—. Pero usted puede hasta quedarse sin operar, pero no sin saber qué hora es.

Tampoco le aceptó la montura de oro de los lentes, aunque él tenía otro par de carey.[209] Sopesó las prendas que tenía en la mano, y puso término a las dudas.

—Además —dijo— con esto alcanza.

Antes de salir, descolgó la ropa **mojada**,[210] sin consultárselo, y se la llevó para secarla y plancharla en la casa. Se fueron en la motoneta,[211] Homero conduciendo y Lázara en la parrilla,[212] abrazada a su **cintura**.[213] Las luces públicas acababan de encenderse en la tarde **malva**.[214] El viento había arrancado las últimas hojas, y los árboles parecían fósiles desplumados. Un remolcador[215] descendía por el Ródano con un radio a todo volumen que iba dejando por las calles un **reguero**[216] de música. Georges Brassens cantaba: *Mon amour tiens bien la barre, le temps va passer par là, et le temps est un barbare dans le genre d'Attila, par la où son cheval*

---

[209] carey—tortoiseshell.

[210] **mojada**—wet.

[211] motoneta—motor scooter.

[212] parrilla—grill-shaped seat at the back of a motorbike to carry packages or a passenger.

[213] **cintura**—waist.

[214] **malva**—mauve.

[215] remolcador—tow truck.

[216] **reguero**—trail.

passe l'amour ne repousse pas. Homero y Lázara corrían en silencio **embriagados**[217] por la canción y el olor memorable de los jacintos. Al cabo de un rato, ella pareció despertar de un largo sueño.

—Carajo —dijo.

—¿Qué?

—El pobre viejo —dijo Lázara—. ¡Qué vida de mierda!

* * *

El viernes siguiente, 7 de octubre, el presidente fue operado en una sesión de cinco horas que por el momento dejó las cosas tan oscuras como estaban. En rigor, el único consuelo era saber que estaba vivo. Al cabo de diez días lo pasaron a un cuarto compartido con otros enfermos, y pudieron visitarlo. Era otro: desorientado y **macilento**,[218] y con un cabello **ralo**[219] que **se le desprendía**[220] con el solo **roce**[221] de la **almohada**.[222] De su antigua prestancia sólo le quedaba la fluidez de las manos. Su primer intento de caminar con dos bastones ortopédicos fue **descorazonador**.[223] Lázara se quedaba a dormir a su lado para ahorrarle el **gasto**[224] de una enfermera nocturna. Uno de los enfermos del cuarto pasó la primera noche gritando por el pánico de la muerte. Aquellas veladas interminables acabaron con las últimas **reticencias**[225] de Lázara.

---

[217] **embriagados**—intoxicated.

[218] **macilento**—haggard.

[219] **ralo**—sparse, thin.

[220] **se le desprendía**—fell.

[221] **roce**—brush.

[222] **almohada**—pillow.

[223] **descorazonador**—discouraging, disheartening.

[224] **gasto**—cost, expense.

[225] **reticencias**—reluctance, unwillingness.

A los cuatro meses de haber llegado a Ginebra, le dieron de alta.[226] Homero, administrador meticuloso de sus **fondos**[227] **exiguos**,[228] pagó las cuentas del hospital y se lo llevó en su ambulancia con otros empleados que ayudaron a subirlo al octavo piso. Se instaló en la alcoba de los niños, a quienes nunca acabó de reconocer, y poco a poco volvió a la realidad. **Se empeñó**[229] en los ejercicios de rehabilitación con un rigor militar, y volvió a caminar con su solo bastón. Pero aun vestido con la buena ropa de **antaño**[230] estaba muy lejos de ser él mismo, tanto por su aspecto como por el modo de ser. **Temeroso**[231] del invierno que se anunciaba muy severo, y que en realidad fue el más crudo de lo que iba del siglo, decidió regresar en un barco que **zarpaba**[232] de Marsella el 13 de diciembre, contra el criterio de los médicos que querían vigilarlo un poco más. A última hora el dinero no alcanzó para tanto, y Lázara quiso completarlo a escondidas de su marido con un **rasguño**[233] más en los ahorros de los hijos, pero también allí encontró menos de lo que suponía. Entonces Homero le confesó que lo había cogido a escondidas de ella para completar la cuenta del hospital.

—Bueno —se resignó Lázara—. Digamos que era el hijo mayor.

El 11 de diciembre lo embarcaron en el tren de Marsella bajo una fuerte tormenta de nieve, y sólo cuando volvieron a casa encontraron una carta de despedida en la mesa de noche de los niños. Allí mismo dejó su

---

[226] le dieron de alta—they discharged him from the hospital.

[227] **fondos**—funds.

[228] **exiguos**—meager, paltry.

[229] **Se empeñó**—he persisted.

[230] **antaño**—last year.

[231] **Temeroso**—fearful.

[232] **zarpaba**—set sail.

[233] **rasguño**—scratch; here, a little bit of money.

anillo de bodas para Bárbara, junto con el de la esposa muerta, que nunca trató de vender, y el reloj de leontina para Lázaro. Como era domingo, algunos vecinos caribes que descubrieron el secreto habían acudido a la estación de Cornavin con un **conjunto**[234] de arpas de Veracruz. El presidente estaba sin aliento, con el abrigo de **perdulario**[235] y una larga **bufanda**[236] de colores que había sido de Lázara, pero aún así permaneció en el pescante del último vagón despidiéndose con el sombrero bajo el azote del vendaval.[237] El tren empezaba a acelerar cuando Homero cayó en la cuenta de que se había quedado con el bastón. Corrió hasta el extremo del **andén**[238] y lo lanzó con bastante fuerza para que el presidente lo atrapara en el aire, pero cayó entre las ruedas y quedó **destrozado**.[239] Fue un instante de terror. Lo último que vio Lázara fue la mano **trémula**[240] **estirada**[241] para atrapar el bastón que nunca alcanzó, y el guardián del tren que logró agarrar por la bufanda al anciano cubierto de nieve, y lo salvó en el vacío. Lázara corrió **despavorida**[242] al encuentro del marido tratando de reír detrás de las lágrimas.

—Dios mío —le gritó—, ese hombre no se muere con nada.

Llegó sano y salvo, según anunció en su extenso telegrama de gratitud. No se volvió a saber nada de él en más de un año. Por fin llegó una carta de seis hojas **manuscritas**[243] en la que ya era imposible reconocerlo.

---

[234] **conjunto**—ensemble.

[235] **perdulario**—rogue, rascal.

[236] **bufanda**—scarf.

[237] azote del vendaval—blow of the gale, lash of the wind storm.

[238] **andén**—platform.

[239] **destrozado**—mangled.

[240] **trémula**—quivering.

[241] **estirada**—extended, stretched out.

[242] **despavorida**—terrified.

[243] **manuscritas**—hand-written.

El dolor había vuelto, tan intenso y puntual como antes, pero él decidió no hacerle caso y dedicarse a vivir la vida como viniera. El poeta Aimé Césaire le había regalado otro bastón con incrustaciones de nácar,[244] pero había **resuelto**[245] no usarlo. Hacía seis meses que comía carne con regularidad, y toda clase de mariscos, y era capaz de beberse hasta veinte tazas diarias de café cerrero. Pero ya no leía el fondo de la taza porque sus **pronósticos**[246] le resultaban al revés. El día que cumplió los setenta y cinco años se había tomado unas copitas del exquisito ron de la Martinica, que le sentaron muy bien, y volvió a fumar. No se sentía mejor, por supuesto, pero tampoco peor. Sin embargo, el motivo real de la carta era comunicarles que se sentía tentado de volver a su país para ponerse al frente de un movimiento renovador, por una causa justa y una patria digna, aunque sólo fuera por la gloria **mezquina**[247] de no morirse de viejo en su cama. En ese sentido, concluía la carta, el viaje a Ginebra había sido providencial.

---

[244] **nácar**—mother-of-pearl, nacre.

[245] **resuelto**—resolved.

[246] **pronósticos**—predictions.

[247] **mezquina**—vile.

PREGUNTAS

1. En el cuento se describe minuciosamente la personalidad del presidente. ¿Cómo es? Cita ejemplos del texto para apoyar tus argumentos.

2. ¿Qué quería conseguir Homero Rey del presidente en un principio? ¿Cómo llevó a cabo su plan?

3. ¿Qué opinión tenía Lázara del presidente antes de conocerlo? ¿Qué hizo que Lázara cambiara su actitud hacia el presidente? ¿Cuál fue el proceso de su cambio?

4. Explica el final de la historia. ¿Qué hace el presidente y por qué? Razona tu respuesta.

porto

nuovo el e

El coronel no tiene quien le escriba

Escrita en 1956 mientras el autor vivía en París sin muchos recursos económicos, esta breve novela es un ejemplo de admirable eficacia en la construcción de la psicología de los personajes. Narra la vida humilde de un militar que espera por quince años la llegada de un cheque que el gobierno le debe como pago a los servicios prestados en la guerra civil. El retrato del matrimonio protagonista y la relación con su hijo son otra muestra de la destreza literaria con la que García Márquez recrea a los personajes de provincias.

El coronel **destapó**[1] el tarro del café y **comprobó**[2] que no había más que una cucharadita. Retiró la olla del fogón,[3] **vertió**[4] la mitad del agua en el piso de tierra, y con un cuchillo raspó el interior del tarro sobre la olla

---

[1] **destapó**—uncovered.

[2] **comprobó**—noticed.

[3] Retiró la olla del fogón—he took the pot from the fire.

[4] **vertió**—poured.

hasta cuando se desprendieron las últimas raspaduras del polvo de café revueltas con óxido de lata.

Mientras esperaba a que hirviera la infusión, sentado junto a la hornilla de barro cocido[5] en una actitud de confiada e inocente expectativa, el coronel experimentó la sensación de que nacían hongos y lirios venenosos[6] en sus tripas. Era octubre. Una mañana difícil de **sortear**,[7] aun para un hombre como él que había sobrevivido a tantas mañanas como ésta. Durante cincuenta y seis años —desde cuando terminó la última guerra civil—[8] el coronel no había hecho nada distinto de esperar. Octubre era una de las pocas cosas que llegaban.

Su esposa levantó el mosquitero cuando lo vio entrar al dormitorio con el café. Esa noche había sufrido una crisis de asma y ahora atravesaba por un estado de sopor. Pero se incorporó para recibir la taza.

—Y tú —dijo.

—Ya tomé —**mintió**[9] el coronel—. Todavía quedaba una cucharada grande.

En ese momento empezaron los dobles.[10] El coronel se había olvidado del **entierro**.[11] Mientras su esposa tomaba el café, descolgó la hamaca en un extremo y la enrolló en el otro, detrás de la puerta. La mujer pensó en el muerto.

—Nació en 1922 —dijo—. Exactamente un mes después de nuestro hijo.

El siete de abril.

Siguió sorbiendo el café en las pausas de su respiración **pedregosa**.[12] Era una mujer construida apenas

---

[5] barro cocido—fired clay.

[6] hongos y lirios venenosos—fungus and poisonous lilies.

[7] **sortear**—to get through.

[8] la última guerra civil—a reference to the War of a Thousand Days, 1899–1903.

[9] **mintió**—lied.

[10] los dobles—the tolling of church bells.

[11] **entierro**—funeral.

[12] **pedregosa**—gravelly.

en cartílagos blancos sobre una espina dorsal arqueada e inflexible. Los trastornos respiratorios[13] la obligaban a preguntar afirmando. Cuando terminó el café todavía estaba pensando en el muerto.

«Debe ser horrible estar enterrado en octubre», dijo. Pero su marido no le puso atención. Abrió la ventana. Octubre se había instalado en el patio. Contemplando la vegetación que **reventaba**[14] en verdes intensos, las minúsculas tiendas de las **lombrices**[15] en el barro, el coronel volvió a sentir el mes aciago[16] en los intestinos.

—Tengo los huesos húmedos —dijo.

—Es el invierno —replicó la mujer—. Desde que empezó a llover te estoy diciendo que duermas con las medias puestas.

—Hace una semana que estoy durmiendo con ellas.

Llovía despacio pero sin pausas. El coronel habría preferido envolverse en una manta de lana[17] y meterse otra vez en la hamaca. Pero la insistencia de los **bronces**[18] rotos le recordó el entierro. «Es octubre», murmuró, y caminó hacia el centro del cuarto. Sólo entonces se acordó del gallo **amarrado**[19] a la pata de la cama. Era un gallo de pelea.[20]

Después de llevar la taza a la cocina **dio cuerda**[21] en la sala a un reloj de péndulo montado en un **marco**[22] de la madera labrada. A diferencia del dormitorio, demasiado estrecho para la respiración de una asmática, la sala era amplia, con cuatro mecedoras de fibra[23] en torno a una

---

[13] trastornos respiratorios—disturbed breathing.

[14] **reventaba**—bursting out.

[15] **lombrices**—worms.

[16] aciago—unfortunate, fateful.

[17] manta de lana—wool blanket.

[18] **bronces**—brass instruments.

[19] **amarrado**—tied.

[20] gallo de pelea—fighting cock; a rooster used to fight other roosters. Onlookers frequently bet on the outcome of the cockfight.

[21] **dio cuerda**—wound.

[22] **marco**—case.

[23] mecedoras de fibra—sturdy rockers.

mesita con un tapete[24] y un gato de yeso. En la pared opuesta a la del reloj, el cuadro de una mujer entre tules[25] rodeada de amorines[26] en una barca **cargada**[27] de rosas.

Eran las siete y veinte cuando acabó de dar cuerda al reloj. Luego llevó el gallo a la cocina, lo amarró a un soporte de la hornilla, cambió el agua al tarro y puso al lado un puñado de maíz. Un grupo de niños penetró por la cerca **desportillada**.[28] Se sentaron en torno al gallo, a contemplarlo en silencio.

—No miren más a ese animal —dijo el coronel—. Los gallos se gastan de tanto mirarlos.

Los niños no se alteraron. Uno de ellos inició en la armónica los acordes de una canción de moda. «Hay muerto en el pueblo». El niño guardó el instrumento en el bolsillo del pantalón y el coronel fue al cuarto a vestirse para el entierro.

La ropa blanca estaba sin **planchar**[29] a causa del asma de su mujer. De manera que el coronel tuvo que decidirse por el viejo traje de **paño**[30] negro que después de su matrimonio sólo usaba en ocasiones especiales. Le costó trabajo encontrarlo en el fondo del **baúl**,[31] envuelto en periódico y preservado contra las polillas con bolitas de naftalina.[32] Estirada en la cama la mujer seguía pensando en el muerto.

—Ya debe haberse encontrado con Agustín —dijo—. Pueda ser que no le cuente la situación en que quedamos después de su muerte.

—A esta hora estarán discutiendo de gallos —dijo el coronel.

---

[24] tapete—decorative table cover.

[25] tules—tulle; fine, sheer net.

[26] rodeada de amorines—surrounded by cupids.

[27] **cargada**—laden.

[28] **desportillada**—chipped.

[29] **planchar**—ironing.

[30] **paño**—very thick wool fabric.

[31] **baúl**—trunk.

[32] bolitas de naftalina—mothballs.

Encontró en el baúl un paraguas enorme y antiguo. Lo había ganado la mujer en una **tómbola**[33] política destinada a recolectar fondos para el partido del coronel. Esa misma noche asistieron a un espectáculo al aire libre que no fue interrumpido a pesar de la lluvia. El coronel, su esposa y su hijo Agustín —que entonces tenía ocho años— presenciaron el espectáculo hasta el final, sentados bajo el paraguas. Ahora Agustín estaba muerto y el forro de raso[34] brillante había sido destruido por las polillas.

—Mira en lo que ha quedado nuestro paraguas de **payaso**[35] de circo —dijo el coronel con una antigua frase suya. Abrió sobre su cabeza un misterioso sistema de varillas metálicas—.[36] Ahora sólo sirve para contar las estrellas.

Sonrió. Pero la mujer no se tomó el trabajo de mirar el paraguas. «Todo está así», murmuró. «**Nos estamos pudriendo**[37] vivos». Y cerró los ojos para pensar más intensamente en el muerto.

Después de afeitarse al tacto —pues **carecía**[38] de espejo desde hacía mucho tiempo— el coronel se vistió en silencio. Los pantalones, casi tan ajustados a las piernas como los calzoncillos[39] largos, cerrados en los tobillos con lazos **corredizos**,[40] se sostenían en la cintura con dos lengüetas del mismo paño que pasaban a través de dos hebillas doradas[41] cosidas a la altura de los riñones. No usaba **correa**.[42] La camisa color de cartón antiguo, dura como un cartón, se cerraba con un botón de cobre que

---

[33] **tómbola**—raffle.

[34] forro de raso—satin lining.

[35] **payaso**—clown.

[36] sistema de varillas metálicas—system of little metal rods.

[37] **Nos estamos pudriendo**—we are rotting.

[38] **carecía**—lacked.

[39] calzoncillos—underpants.

[40] **corredizos**—slip-knotted.

[41] hebillas doradas—gilt buckles.

[42] **correa**—belt.

servía al mismo tiempo para sostener el cuello **postizo**.[43] Pero el cuello postizo estaba roto, de manera que el coronel renunció a la corbata.

Hacía cada cosa como si fuera un acto **trascendental**.[44] Los huesos de sus manos estaban forrados por un **pellejo**[45] lúcido y tenso, manchado de carate[46] como la piel del cuello. Antes de ponerse los botines de charol raspó el barro incrustado en la costura. Su esposa lo vio en ese instante, vestido como el día de su matrimonio. Sólo entonces advirtió cuánto había envejecido su esposo.

—Estás como para un acontecimiento —dijo.

—Este entierro es un acontecimiento —dijo el coronel—. Es el primer muerto de muerte natural que tenemos en muchos años.

Escampó[47] después de las nueve. El coronel se disponía a salir cuando su esposa lo agarró por la manga del **saco**.[48]

—Péinate —dijo.

El trató de doblegar con un peine de cuero las cerdas color de acero. Pero fue un esfuerzo inútil.

—Debo parecer un papagayo[49] —dijo.

La mujer lo examinó. Pensó que no. El coronel no parecía un papagayo. Era un hombre **árido**,[50] de huesos sólidos articulados a tuerca y tornillo.[51] Por la vitalidad de sus ojos no parecía conservado en formol.[52]

«Así estás bien», admitió ella, y agregó cuando su marido abandonaba el cuarto:

---

[43] **postizo**—detachable.

[44] **trascendental**—transcendent.

[45] **pellejo**—skin.

[46] carate—light spots on the skin.

[47] **Escampó**—it stopped raining.

[48] **saco**—coat.

[49] papagayo—parrot.

[50] **árido**—weather-beaten.

[51] a tuerca y tornillo—as if with nuts and bolts.

[52] formol—formaldehyde; a colorless liquid with a strong, unpleasant odor, used to preserve.

—Pregúntale al doctor si en esta casa le echamos agua caliente.[53]

Vivían en el extremo del pueblo, en una casa de techo de palma con paredes de **cal**[54] **desconchadas**.[55] La humedad continuaba pero no llovía: El coronel descendió hacia la plaza por un callejón de casas **apelotonadas**.[56] Al desembocar a la calle central sufrió un estremecimiento. Hasta donde alcanzaba su vista el pueblo estaba tapizado de flores. Sentadas a la puerta de las casas las mujeres de negro esperaban el entierro.

En la plaza comenzó otra vez la llovizna. El propietario del salón de billares vio al coronel desde la puerta de su establecimiento y le gritó con los brazos abiertos.

—Coronel, espérese y le presto un paraguas.

El coronel respondió sin volver la cabeza.

—Gracias, así voy bien.

Aún no había salido el entierro. Los hombres —vestidos de blanco con corbatas negras— conversaban en la puerta bajo los paraguas. Uno de ellos vio al coronel saltando sobre los **charcos**[57] de la plaza.

—Métase aquí, compadre —gritó.

Hizo espacio bajo el paraguas.

—Gracias, compadre —dijo el coronel.

Pero no aceptó la invitación. Entró directamente a la casa para **dar el pésame**[58] a la madre del muerto. Lo primero que percibió fue el olor de muchas flores diferentes. Después empezó el calor. El coronel trató de abrirse camino a través de la multitud bloqueada en la alcoba. Pero alguien le puso la mano en la espalda,

---

[53] le echamos agua caliente—we poured boiling water.

[54] **cal**—whitewash.

[55] **desconchadas**—flaking off.

[56] **apelotonadas**—crowded, clustered.

[57] **charcos**—puddles.

[58] **dar el pésame**—to give his condolences.

lo empujó hacia el fondo del cuarto por una galería de rostros perplejos hasta el lugar donde se encontraban —profundas y dilatadas— las fosas nasales[59] del muerto.

Allí estaba la madre espantando las moscas del ataúd con un abanico de palmas trenzadas. Otras mujeres vestidas de negro contemplaban el cadáver con la misma expresión con que se mira la corriente de un río. De pronto empezó una voz en el fondo del cuarto. El coronel hizo de lado a una mujer, encontró de **perfil**[60] a la madre del muerto, y le puso una mano en el hombro. Apretó los dientes.

—Mi sentido pésame —dijo.

Ella no volvió la cabeza. Abrió la boca y lanzó un **aullido**.[61] El coronel se sobresaltó. Se sintió empujado contra el cadáver por una masa deforme que estalló en un vibrante **alarido**.[62] Buscó apoyo con las manos pero no encontró la pared. Había otros cuerpos en su lugar. Alguien dijo junto a su oído, despacio, con una voz muy tierna: «Cuidado, coronel». Volteó la cabeza y se encontró con el muerto. Pero no lo reconoció porque era duro y dinámico y parecía tan desconcertado como él, envuelto en trapos blancos y con el **cornetín**[63] en las manos. Cuando levantó la cabeza para buscar el aire por encima de los gritos vio la caja tapada dando **tumbos**[64] hacia la puerta por una pendiente de flores que se despedazaban contra las paredes. Sudó. Le dolían las articulaciones. Un momento después supo que estaba en la calle porque la llovizna le maltrató los **párpados**[65] y alguien lo agarró por el brazo y le dijo.

---

[59] fosas nasales—nostrils.

[60] **perfil**—profile.

[61] **aullido**—howl.

[62] **alarido**—outcry.

[63] cornetín—trumpet.

[64] dando tumbos—bouncing.

[65] **párpados**—eyelids.

—**Apúrese**,[66] compadre, lo estaba esperando.

Era don Sabas, el **padrino**[67] de su hijo muerto, el único dirigente de su partido que escapó a la persecución de política y continuaba viviendo en el pueblo. «Gracias, compadre», dijo el coronel, y caminó en silencio bajo el paraguas. La banda inició la marcha fúnebre. El coronel advirtió la falta de un cobre y por primera vez tuvo la certidumbre de que el muerto estaba muerto.

—El pobre —murmuró.

Don Sabas **carraspeó**.[68] Sostenía el paraguas con la mano izquierda, el mango casi a la altura de la cabeza pues era más bajo que el coronel. Los hombres empezaron a conversar cuando el cortejo abandonó la plaza. Don Sabas volvió entonces hacia el coronel su rostro desconsolado, y dijo:

—Compadre, qué hay del gallo.

—Ahí está el gallo —respondió el coronel.

En ese instante se oyó un grito.

—¿A dónde van con ese muerto?

El coronel levantó la vista. Vio al alcalde en el balcón del cuartel en una actitud discursiva. Estaba en calzoncillos y franela, hinchada la mejilla sin afeitar. Los músicos suspendieron la marcha fúnebre. Un momento después el coronel reconoció la voz del padre Ángel conversando a gritos con el alcalde. **Descifró**[69] el diálogo a través de la **crepitación**[70] de la lluvia sobre los paraguas.

—¿Entonces? —preguntó don Sabas.

—Entonces nada —respondió el coronel—. Que el entierro no puede pasar frente al cuartel de la policía.

---

[66] **Apúrese**—hurry up.

[67] **padrino**—godfather.

[68] **carraspeó**—cleared his throat.

[69] **Descifró**—he made out.

[70] **crepitación**—drumming.

—Se me había olvidado —exclamó don Sabas—. Siempre se me olvida que estamos en estado de sitio.[71]

—Pero esto no es una insurrección —dijo el coronel—. Es un pobre músico muerto.

El cortejo cambió de sentido. En los barrios bajos las mujeres lo vieron pasar mordiéndose las uñas en silencio. Pero después salieron al medio de la calle y lanzaron gritos de alabanzas, de gratitud y despedida, como si creyeran que el muerto las escuchaba dentro del **ataúd**.[72] El coronel se sintió mal en el cementerio. Cuando don Sabas lo empujó hacia la pared para dar paso a los hombres que transportaban al muerto, volvió su cara sonriente hacia él, pero se encontró con un rostro duro.

—Qué le pasa, compadre —preguntó.

El coronel suspiró.

—Es octubre, compadre.

Regresaron por la misma calle. Había escampado. El cielo se hizo profundo, de un azul intenso. «Ya no llueve más», pensó el coronel, y se sintió mejor, pero continuó absorto. Don Sabas lo interrumpió.

—Compadre, hágase ver del médico.

—No estoy enfermo —dijo el coronel—. Lo que pasa es que en octubre siento como si tuviera animales en las **tripas**.[73]

«Ah», hizo don Sabas. Y se despidió en la puerta de su casa, un edificio nuevo, de dos pisos, con ventanas de hierro forjado.[74] El coronel se dirigió a la suya desesperado por abandonar el traje de ceremonias. Volvió a salir un momento después a comprar en la tienda de la esquina un tarro de café y media libra de maíz para el gallo.

---

[71] estado de sitio—martial law.

[72] **ataúd**—coffin.

[73] **tripas**—gut, intestines.

[74] hierro forjado—wrought-iron.

El coronel se ocupó del gallo a pesar de que el jueves habría preferido **permanecer**[75] en la hamaca. No escampó en varios días. En el curso de la semana reventó la flora de sus vísceras. Pasó varias noches en vela, atormentado por los silbidos pulmonares de la asmática. Pero octubre concedió una **tregua**[76] el viernes en la tarde. Los compañeros de Agustín —oficiales de sastrería,[77] como lo fue él, y fanáticos de la gallera— aprovecharon la ocasión para examinar el gallo. Estaba en forma.

—Qué dicen —preguntó.

—Entusiasmados —informó el coronel—. Todos están ahorrando para **apostarle**[78] al gallo.

—No sé qué le han visto a ese gallo tan feo —dijo la mujer—. A mí me parece un fenómeno: tiene la cabeza muy chiquita para las patas.

—Ellos dicen que es el mejor del Departamento —replicó el coronel—. Vale como cincuenta pesos.

Tuvo la certeza de que ese argumento justificaba su determinación de conservar el gallo, herencia del hijo **acribillado**[79] nueve meses antes en la gallera, por distribuir información clandestina. «Es una ilusión que cuesta caro», dijo la mujer. «Cuando se acabe el maíz tendremos que alimentarlo con nuestros hígados». El coronel se tomó todo el tiempo para pensar mientras buscaba los pantalones de dril[80] en el ropero.

—Es por pocos meses —dijo—. Ya se sabe con seguridad que hay peleas en enero. Después podemos venderlo a mejor precio.

Los pantalones estaban sin planchar. La mujer los estiró sobre la hornilla con dos planchas de hierro calentadas al carbón.[81]

---

[75] **permanecer**—to stay.

[76] **tregua**—truce.

[77] oficiales de sastrería—workers from the taylor shop.

[78] **apostarle**—to bet on.

[79] **acribillado**—shot down.

[80] dril—drill; coarse, twilled linen.

[81] calentadas al carbón—heated over the coals.

—Cuál es el apuro de salir a la calle —preguntó.

—El correo.

«Se me había olvidado que hoy es viernes», comentó ella de regreso al cuarto. El coronel estaba vestido pero sin los pantalones. Ella observó sus zapatos.

—Ya esos zapatos están de **botar**[82] —dijo—. Sigue poniéndote los botines de charol.

El coronel se sintió desolado.

—Parecen zapatos de huérfano —protestó—. Cada vez que me los pongo me siento **fugado**[83] de un **asilo**.[84]

—Nosotros somos huérfanos de nuestro hijo —dijo la mujer.

También esta vez lo persuadió. El coronel se dirigió al puerto antes de que pitaran las lanchas.[85] Botines de charol, pantalón blanco sin **correa**[86] y la camisa sin el cuello postizo, cerrada arriba con el botón de cobre. Observó la **maniobra**[87] de las lanchas desde el almacén del sirio Moisés. Los viajeros descendieron **estragados**[88] después de ocho horas sin cambiar de posición. Los mismos de siempre: vendedores ambulantes[89] y la gente del pueblo que había viajado la semana anterior y regresaba a la rutina.

La última fue la lancha del correo. El coronel la vio **atracar**[90] con una angustiosa **desazón**.[91] En el techo, amarrado a los tubos del vapor[92] y protegido con tela encerada,[93] descubrió el saco del correo. Quince años de

---

[82] **botar**—to throw out.

[83] **fugado**—escaped; a fugitive.

[84] **asilo**—asylum.

[85] pitaran las lanchas—the whistles of the launches blew.

[86] **correa**—belt.

[87] **maniobra**—maneuvering.

[88] **estragados**—wiped out.

[89] vendedores ambulantes—peddlers, street salesmen.

[90] **atracar**—dock.

[91] **desazón**—uneasiness.

[92] tubos del vapor—smokestacks.

[93] tela encerada—oilcloth.

espera habían **agudizado**[94] su intuición. El gallo había agudizado su ansiedad. Desde el instante en que el administrador de correos subió a la lancha, **desató**[95] el saco y se lo echó a la espalda, el coronel lo tuvo a la vista.

Lo persiguió por la calle paralela al puerto, un laberinto de almacenes y **barracas**[96] con mercancías de colores en exhibición. Cada vez que lo hacía, el coronel experimentaba una ansiedad muy distinta pero tan **apremiante**[97] como el terror. El médico esperaba los periódicos en la oficina de correos.

—Mi esposa le manda preguntar si en la casa le echaron agua caliente, doctor —dijo el coronel.

Era un médico joven con el cráneo cubierto de rizos charolados. Había algo increíble en la perfección de su sistema dental. Se interesó por la salud de la asmática. El coronel **suministró**[98] una información detallada sin descuidar los movimientos del administrador que distribuía las cartas en las casillas clasificadas.[99] Su **indolente**[100] manera de actuar exasperaba al coronel.

El médico recibió la correspondencia con el paquete de los periódicos. Puso a un lado los **boletines**[101] de propaganda científica. Luego leyó superficialmente las cartas personales. Mientras tanto, el administrador distribuyó el correo entre los destinatarios presentes. El coronel observó la casilla que le correspondía en el alfabeto. Una carta aérea de bordes azules aumentó la tensión de sus nervios.

---

[94] **agudizado**—sharpened.

[95] **desató**—untied.

[96] **barracas**—warehouses.

[97] **apremiante**—oppressive.

[98] **suministró**—supplied.

[99] casillas clasificadas—cubbyholes.

[100] **indolente**—indolent, indifferent, apathetic.

[101] **boletines**—pamphlets.

El médico rompió el sello de los periódicos. Se informó de las **noticias destacadas**[102] mientras el coronel —fija la vista en su casilla— esperaba que el administrador se detuviera frente a ella. Pero no lo hizo. El médico interrumpió la lectura de los periódicos. Miró al coronel. Después miró al administrador sentado frente a los instrumentos del telégrafo y después otra vez al coronel.

—Nos vamos —dijo.

El administrador no levantó la cabeza.

—Nada para el coronel —dijo.

El coronel se sintió **avergonzado**.[103]

—No esperaba nada —mintió. Volvió hacia el médico una mirada enteramente infantil—. Yo no tengo quien me escriba.

Regresaron en silencio. El médico concentrado en los periódicos. El coronel con su manera de andar habitual que parecía la de un hombre que desanda el camino para buscar una moneda perdida. Era una tarde lúcida. Los almendros de la plaza soltaban sus últimas hojas podridas. Empezaba a anochecer cuando llegaron a la puerta del consultorio.

—Qué hay de noticias —preguntó el coronel.

El médico le dio varios periódicos.

—No se sabe —dijo—. Es difícil leer entre líneas lo que permite publicar la censura.

El coronel leyó los titulares destacados. Noticias internacionales. Arriba, a cuatro columnas, una crónica sobre la nacionalización del canal de Suez. La primera página estaba casi completamente ocupada por las invitaciones a un entierro.

—No hay esperanza de elecciones —dijo el coronel.

---

[102] **noticias destacadas**—news highlights.

[103] **avergonzado**—ashamed.

—No sea ingenuo, coronel —dijo el médico—. Ya nosotros estamos muy grandes para esperar al Mesías.[104]

El coronel trató de devolverle los periódicos pero el médico se opuso.

—Lléveselos para su casa —dijo—. Los lee esta noche y me los devuelve mañana.

Un poco después de las siete sonaron en la torre las **campanadas**[105] de la censura cinematográfica. El padre Ángel utilizaba ese medio para divulgar la **calificación**[106] moral de la película de acuerdo con la lista clasificada que recibía todos los meses por correo. La esposa del coronel contó doce campanadas.

—Mala para todos —dijo—. Hace como un año que las películas son malas para todos.

Bajó la **tolda**[107] del mosquitero y murmuró: «El mundo está **corrompido**».[108] Pero el coronel no hizo ningún comentario. Antes de acostarse amarró el gallo a la pata de la cama. Cerró la casa y fumigó insecticida en el dormitorio. Luego puso la lámpara en el suelo, colgó la hamaca y se acostó a leer los periódicos.

Los leyó por orden cronológico y desde la primera página hasta la última, incluso los **avisos**.[109] A las once sonó el clarín del toque de queda.[110] El coronel concluyó la lectura media hora más tarde, abrió la puerta del patio hacia la noche **impenetrable**,[111] y **orinó**[112] contra el horcón, **acosado**[113] por los zancudos. Su esposa estaba despierta cuando él regresó al cuarto.

---

[104] Mesías—the Messiah; the son of God, the savior and king descended from David, as promised by the prophets of the people of Israel.

[105] **campanadas**—bells.

[106] **calificación**—classification.

[107] **tolda**—same thing as mosquito netting.

[108] **corrompido**—corrupt.

[109] **avisos**—advertisements.

[110] toque de queda—curfew; the ringing of bells to alert townspeople that it is time to go inside for the night.

[111] **impenetrable**—impenetrable, impervious.

[112] **orinó**—urinated.

[113] **acosado**—besieged.

—No dicen nada de los veteranos —preguntó.

—Nada —dijo el coronel. Apagó la lámpara antes de meterse en la hamaca—, al principio por lo menos publicaban la lista de los nuevos pensionados.

Pero hace como cinco años que no dicen nada.

Llovió después de la medianoche. El coronel **concilió el sueño**[114] pero despertó un momento después alarmado por sus intestinos. Descubrió una **gotera**[115] en algún lugar de la casa. Envuelto en una manta de lana hasta la cabeza trató de localizar la gotera en la oscuridad. Un **hilo**[116] de sudor helado **resbaló**[117] por su columna vertebral. Tenía fiebre. Se sintió flotando en círculos concéntricos dentro de un **estanque**[118] de gelatina. Alguien habló. El coronel respondió desde su **catre**[119] de revolucionario.

—Con quién hablas —preguntó la mujer.

—Con el inglés **disfrazado**[120] de tigre que apareció en el campamento del coronel Aureliano Buendía —respondió el coronel. Se revolvió en la hamaca, hirviendo en la fiebre—. Era el duque de Marlborough.

Amaneció estragado. Al segundo toque para misa saltó de la hamaca y se instaló en una realidad turbia **alborotada**[121] por el canto del gallo. Su cabeza giraba todavía en círculos concéntricos. Sintió náuseas. Salió al patio y se dirigió al **excusado**[122] a través del **minucioso**[123] **cuchicheo**[124] y los sombríos olores del invierno. El interior

---

[114] **concilió el sueño**—managed to get to sleep.

[115] **gotera**—leak.

[116] **hilo**—trickle.

[117] **resbaló**—slipped down.

[118] **estanque**—tank.

[119] **catre**—cot.

[120] **disfrazado**—disguised.

[121] **alborotada**—agitated.

[122] **excusado**—privy, toilet.

[123] **minucioso**—barely audible.

[124] **cuchicheo**—whispers.

del cuartito de madera con techo de zinc estaba enrarecido por el vapor amoniacal[125] del bacinete. Cuando el coronel levantó la tapa surgió del pozo un **vaho**[126] de moscas triangulares.

Era una falsa alarma. **Acuclillado**[127] en la plataforma de tablas sin cepillar experimentó la desazón del **anhelo**[128] frustrado. El apremio fue sustituido por un dolor **sordo**[129] en el tubo digestivo. «No hay duda», murmuró. «Siempre me sucede lo mismo en octubre». Y asumió su actitud de confiada e inocente expectativa hasta cuando **se apaciguaron**[130] los hongos de sus vísceras. Entonces volvió al cuarto por el gallo.

—Anoche estabas delirante de fiebre —dijo la mujer.

Había comenzado a poner orden en el cuarto, repuesta de una semana de crisis. El coronel hizo un esfuerzo para recordar.

—No era fiebre —mintió—. Era otra vez el sueño de las telarañas.

Como ocurría siempre, la mujer **surgió**[131] excitada de la crisis. En el curso de la mañana volteó la casa al revés. Cambió el lugar de cada cosa, salvo el reloj y el cuadro de la ninfa. Era tan menuda y elástica que cuando transitaba con sus babuchas de pana[132] y su traje negro enteramente cerrado parecía tener la virtud de pasar a través de las paredes. Pero antes de las doce había **recobrado**[133] su densidad, su peso humano. En la cama era un vacío. Ahora, moviéndose entre los **tiestos**[134] de

---

125 amoniacal—ammoniacal.

126 **vaho**—literally steam; the image translates to a cloud.

127 **Acuclillado**—squatting.

128 **anhelo**—urge.

129 **sordo**—dull.

130 **se apaciguaron**—were pacified.

131 **surgió**—emerged.

132 babuchas de pana—corduroy slippers.

133 **recobrado**—regained.

134 **tiestos**—flowerpots.

helechos[135] y begonias, su presencia desbordaba la casa. «Si Agustín tuviera su año me pondría a cantar», dijo, mientras revolvía la olla donde hervían cortadas en trozos todas las cosas de comer que la tierra del trópico es capaz de producir.

—Si tienes ganas de cantar, canta —dijo el coronel—. Esto es bueno para la bilis.[136]

El médico vino después del almuerzo. El coronel y su esposa tomaban café en la cocina cuando él empujó la puerta de la calle y gritó:

—Se murieron los enfermos.

—Así es doctor —dijo dirigiéndose a la sala—. Yo siempre he dicho que su reloj anda con el de los gallinazos.

La mujer fue al cuarto a prepararse para el examen. El médico permaneció en la sala con el coronel. A pesar del calor su traje de lino **intachable**[137] exhalaba un **hálito**[138] de frescura. Cuando la mujer anunció que esperaba preparada, el médico entregó al coronel tres pliegos[139] dentro de un sobre. Entró al cuarto diciendo: «Es lo que nos decían los periódicos de ayer».

El coronel lo suponía. Era una síntesis de los últimos acontecimientos nacionales impresa en mimeógrafo para la circulación clandestina. Revelaciones sobre el estado de la resistencia armada en el interior del país. Se sintió **demolido**.[140] Diez años de información clandestina no le habían enseñado que ninguna noticia era más sorprendente que la del mes entrante. Había terminado de leer cuando el médico volvió a la sala.

---

[135] helechos—ferns; flowerless plants with long stems and feathery leaves.

[136] bilis—bile; a yellowish, bitter liquid produced by the liver of vertebrates to aid in the digestive process.

[137] **intachable**—immaculate.

[138] **hálito**—smell.

[139] pliegos—sheets of paper.

[140] **demolido**—defeated.

—Esta paciente está mejor que yo —dijo—. Con un asma como ésa yo estaría preparado para vivir cien años.

El coronel lo miró **sombríamente**.[141] Le devolvió el sobre sin pronunciar una palabra, pero el médico lo **rechazó**.[142]

—Hágala circular —dijo en voz baja.

El coronel guardó el sobre en el bolsillo del pantalón. La mujer salió del cuarto diciendo: «Un día de éstos me muero y me lo llevo a los infiernos, doctor». El médico respondió en silencio con el estereotipado **esmalte**[143] de sus dientes. Rodó una silla hacia la mesita y extrajo del maletín varios frascos de muestras gratuitas. La mujer pasó de largo hacia la cocina.

—Espérese y le caliento café.

—No, muchas gracias —dijo el médico. Escribió la dosis en una hoja del formulario—. Le niego rotundamente la oportunidad de envenenarme.

Ella rió en la cocina. Cuando acabó de escribir, el médico leyó la fórmula en voz alta pues tenía conciencia de que nadie podía descifrar su escritura. El coronel trató de concentrar la atención. De regreso a la cocina la mujer descubrió en su rostro los estragos de la noche anterior.

—Esta madrugada tuvo fiebre —dijo, refiriéndose a su marido—. Estuvo como dos horas diciendo **disparates**[144] de la guerra civil.

El coronel se sobresaltó.

«No era fiebre», insistió, recobrando su compostura. «Además —dijo— el día que me sienta mal no me pongo en manos de nadie. Me boto yo mismo en el cajón de la basura».

---

[141] **sombríamente**—gloweringly.

[142] **rechazó**—refused to take it.

[143] **esmalte**—enamel.

[144] **disparates**—nonsense.

Fue al cuarto a buscar los periódicos.

—Gracias por la flor —dijo el médico.

Caminaron juntos hacia la plaza. El aire estaba seco. El **betún**[145] de las calles empezaba a **fundirse**[146] con el calor. Cuando el médico **se despidió**,[147] el coronel le preguntó en voz baja, con los dientes apretados:

—Cuánto le debemos, doctor.

—Por ahora nada —dijo el médico, y le dio una **palmadita**[148] en la espalda—. Ya le pasaré una cuenta gorda[149] cuando gane el gallo.

El coronel se dirigió a la sastrería a llevar la carta clandestina a los compañeros de Agustín. Era su único refugio desde cuando sus copartidarios fueron muertos o expulsados del pueblo, y él quedó convertido en un hombre solo sin otra ocupación que esperar el correo todos los viernes.

El calor de la tarde estimuló el dinamismo de la mujer. Sentada entre las begonias del corredor junto a una caja de ropa inservible, hizo otra vez el eterno milagro de sacar **prendas**[150] nuevas de la nada. Hizo cuellos de mangas y **puños**[151] de tela de la espalda y **remiendos**[152] cuadrados, perfectos, aun con **retazos**[153] de diferente color. Una cigarra[154] instaló su pito en el patio. El sol maduró. Pero ella no lo vio **agonizar**[155] sobre las begonias. Sólo levantó la cabeza al anochecer cuando el coronel se

---

[145] **betún**—tar.

[146] **fundirse**—to melt.

[147] **se despidió**—said goodbye.

[148] **palmadita**—pat.

[149] cuenta gorda—fat bill.

[150] **prendas**—apparel; articles of clothing.

[151] **puños**—cuffs.

[152] **remiendos**—patches.

[153] **retazos**—scraps.

[154] cigarra—cicada.

[155] **agonizar**—to die out.

volvió a la casa. Entonces se apretó el cuello con las dos manos, se desajustó las coyunturas;[156] dijo. «Tengo el cerebro **tieso**[157] como un palo».

—Siempre lo has tenido así —dijo el coronel, pero luego observó el cuerpo de la mujer enteramente cubierto de retazos de colores—. Pareces un pájaro carpintero.[158]

—Hay que ser medio carpintero para vestirte —dijo ella. Extendió una camisa fabricada con género de tres colores diferentes, salvo el cuello y los puños que eran del mismo color—. En los carnavales te bastará con quitarte el saco.

La interrumpieron las campanadas de las seis. «El ángel del Señor anunció a María», **rezó**[159] en voz alta, dirigiéndose con la ropa al dormitorio. El coronel conversó con los niños que al salir de la escuela habían ido a contemplar el gallo. Luego recordó que no había maíz para el día siguiente y entró al dormitorio a pedir dinero a su mujer.

—Creo que ya no quedan sino cincuenta centavos —dijo ella.

Guardaba el dinero bajo la estera[160] de la cama, **anudado**[161] en la punta de un pañuelo. Era el producto de la máquina de coser de Agustín. Durante nueve meses habían gastado ese dinero centavo a centavo, repartiéndolo entre sus propias necesidades y las necesidades del gallo. Ahora sólo había dos monedas de a veinte y una de a diez centavos.

—Compras una libra de maíz —dijo la mujer—. Compras con los vueltos el café de mañana y cuatro onzas de queso.

---

[156] se desajustó las coyunturas—cracked her neck.
[157] **tieso**—stiff.
[158] pájaro carpintero—magpie.
[159] **rezó**—prayed.
[160] estera—straw mat used as a mattress.
[161] **anudado**—knotted.

—Y un elefante dorado para colgarlo en la puerta —prosiguió el coronel—. Sólo el maíz cuesta cuarenta y dos.

Pensaron un momento. «El gallo es un animal y por lo mismo puede esperar», dijo la mujer inicialmente. Pero la expresión de su marido la obligó a reflexionar. El coronel se sentó en la cama, los codos apoyados en las rodillas, haciendo sonar las monedas entre las manos. «No es por mí», dijo al cabo de un momento. «Si de mí dependiera haría esta misma noche un **sancocho**[162] de gallo. Debe ser muy buena una indigestión de cincuenta pesos». Hizo una pausa para **destripar**[163] un zancudo en el cuello. Luego siguió a su mujer con la mirada alrededor del cuarto.

—Lo que me preocupa es que esos pobres muchachos están ahorrando.

Entonces ella empezó a pensar. Dio una vuelta completa con la bomba de insecticida.[164] El coronel descubrió algo de irreal en su actitud, como si estuviera convocando para consultarlos a los espíritus de la casa. Por último puso la bomba sobre el altarcillo de litografías y fijó sus ojos de color de **almíbar**[165] en los ojos color de almíbar del coronel.

—Compra el maíz —dijo—. Ya sabrá Dios cómo hacemos nosotros para arreglarnos.

* * *

«Este es el milagro de la multiplicación de los panes», repitió el coronel cada vez que se sentaron a la mesa en el curso de la semana siguiente. Con su asombrosa habilidad para componer, **zurcir**[166] y

---

[162] **sancocho**—stew.

[163] **destripar**—squash.

[164] bomba de insecticida—pump used to spray insecticide.

[165] **almíbar**—syrup.

[166] **zurcir**—sewing.

remendar,[167] ella parecía haber descubierto la clave para sostener la economía doméstica en el vacío. Octubre prolongó la tregua. La humedad fue sustituida por el sopor. Reconfortada por el sol de cobre la mujer destinó tres tardes a su laborioso peinado. «Ahora empieza la misa cantada», dijo el coronel la tarde en que ella desenredó las largas hebras[168] azules con un peine de dientes separados. La segunda tarde, sentada en el patio con una sábana blanca en el regazo, utilizó un peine más fino para sacar los piojos[169] que habían proliferado durante la crisis. Por último se lavó la cabeza con agua de **alhucema,**[170] esperó a que secara, y se enrolló el cabello en la nuca en dos vueltas sostenidas con una peineta. El coronel esperó. De noche, desvelado en la hamaca, sufrió muchas horas por la suerte del gallo. Pero el miércoles lo pesaron y estaba en forma.

Esa misma tarde, cuando los compañeros de Agustín abandonaron la casa haciendo cuentas alegres sobre la victoria del gallo, también el coronel se sintió en forma. La mujer le cortó el cabello. «Me has quitado veinte años de encima», dijo él, examinándose la cabeza con las manos. La mujer pensó que su marido tenía razón.

—Cuando estoy bien soy capaz de resucitar un muerto —dijo.

Pero su convicción duró muy pocas horas. Ya no quedaba en la casa nada que vender, salvo el reloj y el cuadro. El jueves en la noche, en el último extremo de los recursos, la mujer manifestó su inquietud ante la situación.

—No te preocupes —la consoló el coronel—. Mañana viene el correo.

---

[167] **remendar**—mending.

[168] hebras—tresses.

[169] piojos—lice.

[170] **alhucema**—lavender.

Al día siguiente esperó las lanchas frente al consultorio del médico.

—El avión es una cosa maravillosa —dijo el coronel, los ojos apoyados en el saco del correo—. Dicen que puede llegar a Europa en una noche.

«Así es». Dijo el médico, abanicándose con una revista ilustrada. El coronel descubrió al administrador postal en un grupo que esperaba el final de la maniobra para saltar a la lancha. Saltó el primero. Recibió del capitán un sobre **lacrado**.[171] Después subió al techo. El saco del correo estaba amarrado entre dos tambores de petróleo.

—Pero no deja de tener sus peligros —dijo el coronel. Perdió de vista al administrador, pero lo recobró entre los **frascos**[172] de colores del carrito de refrescos—. La humanidad no progresa de balde.

—En la actualidad es más seguro que una lancha —dijo el médico—. A veinte mil pies de altura se vuela por encima de las tempestades.

—Veinte mil pies —repitió el coronel, perplejo, sin concebir la noción de la **cifra**.[173]

El médico se interesó. Estiró la revista con las dos manos hasta **lograr**[174] una inmovilidad absoluta.

—Hay una estabilidad perfecta —dijo.

Pero el coronel estaba pendiente del administrador. Lo vio consumir un refresco de espuma rosada sosteniendo el vaso con la mano izquierda. Sostenía con la derecha el saco del correo.

—Además, en el mar hay barcos anclados en permanente contacto con los aviones nocturnos —siguió diciendo el médico—. Con tantas precauciones es más seguro que una lancha.

---

[171] **lacrado**—sealed with wax.

[172] **frascos**—bottles.

[173] **cifra**—figure, number.

[174] **lograr**—he managed.

El coronel lo miró.

—Por supuesto —dijo—. Debe ser como las **alfombras.**[175]   '

El administrador se dirigió directamente hacia ellos. El coronel **retrocedió**[176] impulsado por una ansiedad irresistible tratando de descifrar el nombre escrito en el sobre lacrado. El administrador abrió el saco. **Entregó**[177] al médico el paquete de los periódicos. Luego desgarró el sobre de la correspondencia privada, verificó la exactitud de la **remesa**[178] y leyó en las cartas los nombres de los destinatarios. El médico abrió los periódicos.

—Todavía el problema de Suez —dijo, leyendo los títulos destacados—. El occidente pierde terreno.

El coronel no leyó los titulares. Hizo un esfuerzo para reaccionar contra su estómago. «Desde que hay censura los periódicos no hablan sino de Europa» —dijo. «Lo mejor será que los europeos se vengan para acá y que nosotros nos vayamos para Europa. Así sabrá todo el mundo lo que pasa en su respectivo país».

—Para los europeos América del Sur es un hombre de bigotes, con una guitarra y un revólver —dijo el médico, riendo sobre el periódico—. No entienden el problema.

El administrador le entregó la correspondencia. Metió el resto en el saco y lo volvió a cerrar. El médico se dispuso a leer dos cartas personales. Pero antes de romper los sobres miró al coronel. Luego miró al administrador.

—¿Nada para el coronel?

El coronel sintió el terror. El administrador se echó el saco al hombro, bajó el andén y respondió sin volver la cabeza:

---

[175] **alfombras**—carpets.

[176] **retrocedió**—stepped back.

[177] **Entregó**—gave.

[178] **remesa**—shipment.

—El coronel no tiene quien le escriba.

Contrariando su costumbre no se dirigió directamente a la casa. Tomó café en la sastrería mientras los compañeros de Agustín hojeaban los periódicos. Se sentía **defraudado**.[179] Habría preferido permanecer allí hasta el viernes siguiente para no presentarse esa noche ante su mujer con las manos vacías. Pero cuando cerraron la sastrería tuvo que hacerle frente[180] a la realidad. La mujer.

—Nada —preguntó.

—Nada —respondió el coronel.

El viernes siguiente volvió a las lanchas. Y como todos los viernes regresó a su casa sin la carta esperada. «Ya hemos cumplido con esperar», le dijo esa noche su mujer. «Se necesita tener esa capacidad de buey que tú tienes para esperar una carta durante quince años». El coronel se metió en la hamaca a leer los periódicos.

—Hay que esperar el turno —dijo—. Nuestro número es el mil ochocientos veintitrés.

—Desde que estamos esperando, ese número ha salido dos veces en la lotería —replicó la mujer.

El coronel leyó, como siempre, desde la primera página hasta la última, incluso los avisos. Pero esta vez no se concentró. Durante la lectura pensó en su pensión de veterano. Diecinueve años antes, cuando el congreso **promulgó**[181] la ley, se inició un proceso de justificación que duró ocho años. Luego necesitó seis años más para hacerse incluir en el escalafón.[182] Ésa fue la última carta que recibió el coronel.

Terminó después del toque de queda. Cuando iba a apagar la lámpara cayó en la cuenta de que su mujer estaba despierta.

---

[179] **defraudado**—cheated.

[180] hacerle frente—to face.

[181] **promulgó**—passed.

[182] escalafón—roll call.

—¿Tienes todavía aquel recorte?

La mujer pensó.

—Sí. Debe estar con los otros papeles.

Salió del mosquitero y extrajo del armario un cofre de madera con un paquete de cartas ordenadas por las fechas y aseguradas con una cinta elástica. Localizó un anuncio de una agencia de abogados que se comprometía a una gestión activa de las pensiones de guerra.

—Desde que estoy con el tema de que cambies de abogado ya hubiéramos tenido tiempo hasta de gastarnos la **plata**[183] —dijo la mujer, entregando a su marido el recorte del periódico—. Nada sacamos con que nos la metan en el cajón como a los indios.

El coronel leyó el recorte fechado dos años antes. Lo guardó en el bolsillo de la camisa colgada detrás de la puerta.

—Lo malo es que para el cambio de abogado necesito dinero.

—Nada de eso —decidió la mujer—. Se les escribe diciendo que descuenten lo que sea de la misma pensión cuando la cobren. Es la única manera de que se interesen en el **asunto**.[184]

Así que el sábado en la tarde el coronel fue a visitar a su abogado. Lo encontró tendido a la bartola[185] en una hamaca. Era un negro monumental sin nada más que los dos **colmillos**[186] en la **mandíbula**[187] superior. Metió los pies en unas **pantuflas**[188] con suelas de madera y abrió la ventana del despacho sobre una polvorienta pianola[189] con papeles **embutidos**[190] en los espacios de

---

[183] **plata**—money.

[184] **asunto**—case.

[185] tendido a la bartola—streched out lazily.

[186] **colmillos**—canines.

[187] **mandíbula**—jaw.

[188] **pantuflas**—slippers.

[189] pianola—pianola, player piano; a piano containing a mechanism by which it can be played automatically.

[190] **embutidos**—stuffed.

los rollos: recortes del «Diario Oficial» **pegados**[191] con goma en viejos cuadernos de **contabilidad**[192] y una colección salteada de los boletines de la contraloría.[193] La pianola sin **teclas**[194] servía al mismo tiempo de escritorio. El coronel expuso su inquietud antes de revelar el propósito de su visita.

«Yo le advertí que la cosa no era de un día para el otro», dijo el abogado en una pausa del coronel. Estaba **aplastado**[195] por el calor. Forzó hacia atrás los resortes de la silla y se abanicó con un cartón de propaganda.

—Mis agentes me escriben con frecuencia diciendo que no hay que **desesperarse**.[196]

—Es lo mismo desde hace quince años —replicó el coronel—. Esto empieza a parecerse al cuento del gallo capón.[197]

El abogado hizo una descripción muy gráfica de los **vericuetos**[198] administrativos. La silla era demasiado estrecha para las nalgas otoñales.[199] «Hace quince años era más fácil», dijo. «Entonces existía la asociación municipal de veteranos compuesta por elementos de los dos partidos». Se llenó los pulmones de un aire **abrasante**[200] y pronunció la sentencia como si acabara de inventarla:

—La unión hace la fuerza.

—En este caso no la hizo —dijo el coronel, por primera vez dándose cuenta de su soledad—. Todos mis compañeros se murieron esperando el correo.

---

[191] **pegados**—pasted.

[192] **contabilidad**—accounting.

[193] contraloría—comptroller's office.

[194] **teclas**—keys.

[195] **aplastado**—weighed down, sweltering.

[196] **desesperarse**—to get impatient.

[197] cuento del gallo capón—a never ending story that keeps on repeating the same thing without reaching any end.

[198] **vericuetos**—literally, rough, uneven ground; here, ins-and-outs.

[199] nalgas otoñales—sagging buttocks.

[200] **abrasante**—stifling.

El abogado no se alteró.

—La ley fue promulgada demasiado tarde —dijo—. No todos tuvieron la suerte de usted que fue coronel a los veinte años. Además, no se incluyó una partida especial, de manera que el gobierno ha tenido que hacer remiendos en el presupuesto.

Siempre la misma historia. Cada vez que el coronel la escuchaba **padecía**[201] un sordo resentimiento. «Esto no es una limosna», dijo. «No se trata de hacernos un favor. Nosotros nos rompimos el cuero para salvar la república». El abogado se abrió de brazos.

—Así es, coronel —dijo—. La integridad humana no tiene límites.

También esa historia la conocía el coronel. Había empezado a escucharla al día siguiente del tratado de Neerlandia cuando el gobierno prometió auxilios de viajes e indemnizaciones a doscientos oficiales de la revolución. Acampado en torno a la gigantesca ceiba[202] de Neerlandia un batallón revolucionario compuesto en gran parte por adolescentes fugados de la escuela, esperó durante tres meses. Luego regresaron a sus casas por sus propios medios y allí siguieron esperando. Casi sesenta años después todavía el coronel esperaba.

Excitado por los recuerdos asumió una actitud trascendental. Apoyó en el hueso del **muslo**[203] la mano derecha —puros huesos cosidos con fibras nerviosas y murmuró:

—Pues yo he dicidido tomar una determinación.

El abogado quedó en suspenso.

—¿Es decir?

—Cambio de abogado.

Una pata seguida de varios patitos amarillos entró al despacho. El abogado se incorporó para hacerla salir.

---

[201] **padecía**—he felt.

[202] ceiba—silk-cotton tree.

[203] **muslo**—thigh.

«Como usted diga, coronel», dijo, espantando los animales. «Será como usted diga. Si yo pudiera hacer milagros no estaría viviendo en este corral». Puso una **verja**[204] de madera en la puerta del patio y regresó a la silla.

—Mi hijo trabajó toda su vida —dijo el coronel—. Mi casa está hipotecada.[205] La ley de **jubilaciones**[206] ha sido una pensión vitalicia[207] para los abogados.

—Para mí no —protestó el abogado—. Hasta el último centavo se ha gastado en **diligencias**.[208]

El coronel sufrió con la idea de haber sido injusto.

—Eso es lo que quise decir —corrigió. Se secó la frente con la manga de la camisa—. Con este calor se oxidan las tuercas de la cabeza.

Un momento después el abogado revolvió el despacho en busca del poder.[209] El sol avanzó hacia el centro de la escueta habitación construida con tablas sin cepillar. Después de buscar inútilmente por todas partes, el abogado se puso a gatas, **bufando**,[210] y cogió un rollo de papeles bajo la pianola.

—Aquí está.

Entregó al coronel una hoja de papel sellado. «Tengo que escribirles a mis agentes para que anulen las copias», concluyó. El coronel sacudió el polvo y se guardó la hoja en el bolsillo de la camisa.

—Rómpala usted mismo —dijo el abogado.

«No», respondió el coronel. «Son veinte años de recuerdos». Y esperó a que el abogado siguiera buscando. Pero no lo hizo. Fue hasta la hamaca a secarse el sudor. Desde allí miró al coronel a través de una atmósfera reverberante.

---

[204] **verja**—grille.

[205] hipotecada—mortgaged.

[206] **jubilaciones**—retirement.

[207] pensión vitalicia—lifetime pension.

[208] **diligencias**—proceedings; expenses.

[209] poder—here, power of attorney.

[210] **bufando**—huffing and puffing.

—También necesito los documentos —dijo el coronel.

—Cuáles.

—La justificación.

El abogado se abrió de brazos.

—Eso sí que será imposible, coronel.

El coronel se alarmó. Como tesorero de la revolución en la circunscripción de Macondo había realizado un **penoso**[211] viaje de seis días con los fondos de la guerra civil en dos baúles amarrados al **lomo**[212] de una mula. Llegó al campamento de Neerlandia arrastrando la mula muerta de hambre media hora antes de que se firmara el tratado. El coronel Aureliano Buendía —intendente general de las fuerzas revolucionarias en el litoral[213] Atlántico— extendió el recibo de los fondos e incluyó dos baúles en el inventario de la rendición.

—Son documentos de un valor incalculable —dijo el coronel—. Hay un **recibo**[214] escrito de su puño y letra del coronel Aureliano Buendía.

—De acuerdo —dijo el abogado—. Pero esos documentos han pasado por miles y miles de manos en miles y miles de oficinas hasta llegar a quién sabe qué departamentos del ministerio de guerra.

—Unos documentos de esa **índole**[215] no pueden pasar inadvertidos para ningún funcionario —dijo el coronel.

—Pero en los últimos quince años han cambiado muchas veces los funcionarios —precisó el abogado—. Piense usted que ha habido siete presidentes y que cada presidente cambió por lo menos diez veces su gabinete y que cada ministro cambió sus empleados por lo menos cien veces.

---

[211] **penoso**—difficult.

[212] **lomo**—back.

[213] litoral—coast.

[214] **recibo**—receipt.

[215] **índole**—nature, kind.

—Pero nadie pudo llevarse los documentos para su casa —dijo el coronel—. Cada nuevo funcionario debió encontrarlos en su sitio.

El abogado se desesperó.

—Además, si esos papeles salen ahora del ministerio tendrán que **someterse**[216] a un nuevo turno para el escalafón.

—No importa —dijo el coronel.

—Será cuestión de siglos.

—No importa. El que espera lo mucho espera lo poco.

* * *

Llevó a la mesita de la sala un bloc de papel rayado, la pluma, el tintero y una hoja de papel secante, y dejó abierta la puerta del cuarto por si tenía que consultar con su mujer. Ella rezó el rosario.

—¿A cómo estamos hoy?

—27 de octubre.

Escribió con una compostura aplicada, puesta la mano con la pluma en la hoja de papel secante, recta la columna vertebral para favorecer la respiración, como le enseñaron en la escuela. El calor se hizo **insoportable**[217] en la sala cerrada. El coronel la recogió en el papel secante. Después trató de raspar las palabras **disueltas**,[218] pero hizo un **borrón**.[219]

No se desesperó. Escribió una llamada y anotó al margen: «derechos **adquiridos**».[220] Luego leyó todo el párrafo.

—¿Qué día me incluyeron en el escalafón?

---

[216] **someterse**—wait.

[217] **insoportable**—unbearable.

[218] **disueltas**—smeared.

[219] **borrón**—he smudged them.

[220] **adquiridos**—acquired.

La mujer no interrumpió la oración para pensar.

—12 de agosto de 1949.

Un momento después empezó a llover. El coronel llenó una hoja de **garabatos**[221] grandes, un poco infantiles, los mismos que le enseñaron en la escuela pública de Manaure. Luego una segunda hoja hasta la mitad, y firmó.

Leyó la carta a su mujer. Ella aprobó cada frase con la cabeza. Cuando terminó la lectura el coronel cerró el sobre y apagó la lámpara.

—Puedes decirle a alguien que te la saque a máquina.

—No —respondió el coronel—. Ya estoy cansado de andar pidiendo favores.

Durante media hora sintió la lluvia contra las palmas del techo. El pueblo se hundió en el **diluvio**.[222] Después del toque de queda empezó la gota en algún lugar de la casa.

—Esto se ha debido hacer desde hace mucho tiempo —dijo la mujer—. Siempre es mejor entenderse directamente.

—Nunca es demasiado tarde —dijo el coronel, pendiente de la gotera—. Pueda ser que todo esté resuelto cuando se cumpla la hipoteca de la casa.

—Faltan dos años —dijo la mujer.

Él encendió lámparas para localizar la gotera en la sala. Puso debajo el tarro del gallo y regresó al dormitorio perseguido por el ruido metálico del agua en la lata vacía.

—Es posible que por el interés de ganarse la plata lo resuelvan antes de enero —dijo, y se convenció a sí mismo—. Para entonces Agustín habrá cumplido su año y podremos ir al cine.

---

[221] **garabatos**—doodlings.
[222] **diluvio**—deluge.

Ella rió en voz baja. «Ya ni siquiera me acuerdo de los monicongos»,[223] dijo. El coronel trató de verla a través del mosquitero.

—¿Cuándo fuiste al cine por última vez?

—En 1931 —dijo ella—. Daban «La voluntad del muerto».

—¿Hubo puños?

—No se supo nunca. El aguacero[224] **se desgajó**[225] cuando el fantasma trataba de robarle el collar a la muchacha.

Los durmió el rumor de la lluvia. El coronel sintió un ligero malestar en los intestinos. Pero no se alarmó. Estaba a punto de sobrevivir a un nuevo octubre. Se envolvió en una manta de lana y por un momento percibió la pedregosa respiración de la mujer —remota— navegando en otro sueño. Entonces habló, perfectamente consciente.

La mujer despertó.

—¿Con quién hablas?

—Con nadie —dijo el coronel—. Estaba pensando que en la reunión de Macondo tuvimos razón cuando le dijimos al coronel Aureliano Buendía que no **se rindiera**.[226] Eso fue lo que echó a perder el mundo.

Llovió toda la semana. El dos de noviembre —contra la voluntad del coronel—, la mujer llevó flores a la tumba de Agustín. Volvió del cementerio con una nueva crisis. Fue una semana dura. Más dura que las cuatro semanas de octubre a las cuales el coronel no creyó sobrevivir. El médico estuvo a ver a la enferma y salió de la pieza gritando: «Con un asma como ésa yo estaría preparado para enterrar a todo el pueblo». Pero habló a solas con el coronel y prescribió un **régimen**[227] especial.

---

[223] monicongos—cartoons.

[224] aguacero—downpour.

[225] **se desgajó**—broke.

[226] **se rindiera**—to surrender.

[227] **régimen**—diet.

También el coronel sufrió una recaída. Agonizó muchas horas en el excusado, sudando hielo, sintiendo que se pudría y se caía a pedazos la flora de sus vísceras. «Es el invierno», se repitió sin desesperarse. «Todo será distinto cuando acabe de llover». Y lo creyó realmente, seguro de estar vivo en el momento en que llegara la carta.

A él le correspondió esta vez remendar la economía doméstica. Tuvo que apretar los dientes muchas veces para solicitar crédito en las tiendas vecinas. «Es hasta la semana entrante», decía, sin estar seguro él mismo de que era cierto. «Es una platita que ha debido llegarme desde el viernes». Cuando surgió de la crisis la mujer lo reconoció con estupor.

—Estás en el hueso pelado —dijo.

—Me estoy cuidando para venderme —dijo el coronel—. Ya estoy encargado por una **fábrica**[228] de clarinetes.

Pero en realidad estaba apenas sostenido por la esperanza de la carta. **Agotado,**[229] los huesos **molidos**[230] por la vigilia, no pudo ocuparse al mismo tiempo de sus necesidades y del gallo. En la segunda quincena de noviembre creyó que el animal se moriría después de dos días sin maíz. Entonces se acordó de un puñado de **habichuelas**[231] que había colgado en julio sobre la hornilla. Abrió las vainas y puso al gallo un tarro de **semillas**[232] secas.

—Ven acá —dijo.

—Un momento —respondió el coronel, observando la reacción del gallo—. A buena hambre no hay mal pan.

---

[228] **fábrica**—factory.

[229] **Agotado**—exhausted.

[230] **molidos**—aching.

[231] **habichuelas**—beans.

[232] **semillas**—seeds.

Encontró a su esposa tratando de incorporarse de la cama. El cuerpo estragado exhalaba un vaho de hierbas medicinales. Ella pronunció las palabras, una a una, con una precisión calculada:

—Sales inmediatamente de ese gallo.

El coronel había previsto aquel momento. Lo esperaba desde la tarde en que acribillaron a su hijo y él decidió conservar el gallo. Había tenido tiempo de pensar.

—Ya no vale la pena —dijo—. Dentro de tres meses será la pelea y entonces podremos venderlo a mejor precio.

—No es cuestión de plata —dijo la mujer—. Cuando vengan los muchachos les dices que se lo lleven y hagan con él lo que les dé la gana.

—Es por Agustín —dijo el coronel con un argumento previsto—. Imagínate la cara con que hubiera venido a comunicarnos la victoria del gallo.

La mujer pensó efectivamente en su hijo.

«Esos malditos gallos fueron su **perdición**»,[233] gritó. «Si el tres de enero se hubiera quedado en la casa no lo hubiera sorprendido la mala hora». Dirigió hacia la puerta un índice escuálido y exclamó:

—Me parece que lo estuviera viendo cuando salió con el gallo debajo del brazo. Le advertí que no fuera a buscar una mala hora en la gallera y él me mostró los dientes y me dijo: «Cállate, que esta tarde nos vamos a podrir de plata».

Cayó **extenuada**.[234] El coronel la empujó suavemente hacia la almohada. Sus ojos tropezaron con otros exactamente iguales a los suyos. «Trata de no moverte», dijo, sintiendo los silbidos dentro de sus propios pulmones. La mujer cayó en un sopor momentáneo. Cerró

---

[233] **perdición**—downfall, ruin.
[234] **extenuada**—exhausted.

los ojos. Cuando volvió a abrirlos su respiración parecía más **reposada**.[235]

—Es por la situación en que estamos —dijo—. Es pecado quitarnos el pan de la boca para echárselo a un gallo.

El coronel le secó la frente con la sábana.

—Nadie se muere en tres meses.

—Y mientras tanto qué comemos —preguntó la mujer.

—No sé —dijo el coronel—. Pero si nos fuéramos a morir de hambre ya nos hubiéramos muerto.

El gallo estaba perfectamente vivo frente al tarro vacío. Cuando vio al coronel emitió un monólogo gutural, casi humano, y echó la cabeza hacia atrás. Él le hizo una sonrisa de complicidad:

—La vida es dura, camarada.

Salió a la calle. Vagó por el pueblo en siesta, sin pensar en nada, ni siquiera tratando de convencerse de que su problema no tenía solución. Anduvo por las calles olvidadas hasta cuando se encontró agotado. Entonces volvió a casa. La mujer lo sintió entrar y lo llamó al cuarto.

—¿Qué?

Ella respondió sin mirarlo.

—Que podemos vender el reloj.

El coronel había pensado en eso. «Estoy segura de que Álvaro te da cuarenta pesos en seguida», dijo la mujer. «Fíjate la facilidad con que compró la máquina de coser».

Se refería al sastre para quien trabajó Agustín.

—Se le puede hablar por la mañana —admitió el coronel.

—Nada de hablar por la mañana —precisó ella—. Le llevas ahora mismo el reloj, se lo pones en la mesa y le dices:

«Álvaro, aquí le traigo este reloj para que me lo compre». Él entenderá en seguida.

---

[235] **reposada**—even, calm.

El coronel se sintió desgraciado.

—Es como andar cargando el santo sepulcro[236] —protestó—. Si me ven por la calle con semejante escaparate me sacan en una canción de Rafael Escalona.[237]

Pero también esta vez la mujer lo convenció. Ella misma descolgó el reloj, lo envolvió en periódicos y se lo puso entre las manos. «Aquí no vuelves sin los cuarenta pesos», dijo. El coronel se dirigió a la sastrería con el **envoltorio**[238] bajo el brazo. Encontró a los compañeros de Agustín sentados a la puerta.

Uno de ellos le ofreció un asiento. Al coronel se le **embrollaban**[239] las ideas. «Gracias», dijo. «Voy de paso». Álvaro salió de la sastrería. En un alambre tendido entre dos horcones del corredor colgó una pieza de dril mojada. Era un muchacho de formas duras, angulosas, y ojos **alucinados**.[240] También él lo invitó a sentarse. El coronel se sintió reconfortado. Recostó el **taburete**[241] contra el marco de la puerta y se sentó a esperar a que Álvaro quedara solo para proponerle el negocio. De pronto se dio cuenta de que estaba rodeado de rostros herméticos.[242]

—No interrumpo —dijo.

Ellos protestaron. Uno se inclinó hacia él. Dijo, con una voz apenas perceptible:

—Escribió Agustín.

El coronel observó la calle desierta.

—¿Qué dice?

—Lo mismo de siempre.

---

[236] el santo sepulcro—the Holy Sepulcher; place where sacred relics are stored.

[237] Rafael Escalona—singer and songwriter of the *Vallenato*, a dramatic form of salsa that originated in and deals with coastal Colombia.

[238] **envoltorio**—package.

[239] **embrollaban**—tangled up, mixed up.

[240] **alucinados**—wild.

[241] **taburete**—stool.

[242] rostros herméticos—expressionless faces.

Le dieron la hoja clandestina. El coronel la guardó en el bolsillo del pantalón. Luego permaneció en silencio tamborileando sobre el envoltorio hasta cuando se dio cuenta de que alguien lo había advertido. Quedó en suspenso.

—¿Que lleva ahí, coronel?

El coronel eludió los penetrantes ojos verdes de Germán.

—Nada —mintió—. Que le llevo el reloj al alemán para que me lo componga.

«No sea bobo, coronel», dijo Germán, tratando de apoderarse del envoltorio. «Espérese y lo examino».

Él resistió. No dijo nada pero sus párpados se volvieron **cárdenos**.[243] Los otros insistieron.

—Déjelo, coronel. Él sabe de mecánica.

—Es que no quiero molestarlo.

—Qué molestarlo ni qué molestarlo —discutió Germán. Cogió el reloj—. El alemán le arranca diez pesos y se lo deja lo mismo.

Entró a la sastrería con el reloj. Álvaro cosía a máquina. En el fondo, bajo una guitarra colgada de un clavo, una muchacha pegaba botones. Había un letrero clavado sobre la guitarra: «Prohibido hablar de política». El coronel sintió que le sobraba el cuerpo. Apoyó los pies en el travesaño[244] del taburete.

—Mierda, coronel.

Se sobresaltó. «Sin malas palabras», dijo.

Alfonso se ajustó los anteojos a la nariz para examinar mejor los botines del coronel.

—Es por los zapatos —dijo—. Está usted estrenando unos zapatos del carajo.

—Pero se puede decir sin malas palabras —dijo el coronel, y mostró las suelas de sus botines de charol—.

---

[243] **cárdenos**—purple.

[244] travesaño—rail; piece of wood positioned horizontally between the legs of a chair to support them.

Estos monstruos tienen cuarenta años y es la primera vez que oyen una mala palabra.

«Ya está», gritó Germán adentro, al tiempo con la campana del reloj. En la casa vecina una mujer **golpeó**[245] la pared divisoria; gritó:

—Dejen esa guitarra que todavía Agustín no tiene un año.

Estalló una **carcajada**.[246]

—Es un reloj.

Germán salió con el envoltorio.

—No era nada —dijo—. Si quiere lo acompaño a la casa para ponerlo a nivel.

El coronel **rehusó**[247] el ofrecimiento.

—¿Cuánto te debo?

—No se preocupe, coronel —respondió Germán ocupando su sitio en el grupo—. En enero paga el gallo.

El coronel encontró entonces una ocasión perseguida.

—Te propongo una cosa —dijo.

—¿Qué?

—Te regalo el gallo —examinó los rostros en contorno—. Les regalo el gallo a todos ustedes.

Germán lo miró perplejo.

«Ya yo estoy muy viejo para eso», siguió diciendo el coronel. **Imprimió**[248] a su voz una severidad convincente. «Es demasiada responsabilidad para mí. Desde hace días tengo la impresión de que ese animal se está muriendo».

—No se preocupe, coronel —dijo Alfonso—. Lo que pasa es que en esta época el gallo está emplumando. Tiene fiebre en los cañones.[249]

—El mes entrante estará bien —confirmó Germán.

---

[245] **golpeó**—pounded.

[246] **carcajada**—guffaw, outburst of laughter.

[247] **rehusó**—refused.

[248] **Imprimió**—he gave.

[249] cañones—feathers that are starting to grow.

—De todos modos no lo quiero —dijo el coronel.

Germán lo penetró con sus pupilas.

—Dese cuenta de las cosas, coronel —insistió—. Lo importante es que sea usted quien ponga en la gallera el gallo de Agustín.

El coronel lo pensó. «Me doy cuenta», dijo. «Por eso lo he tenido hasta ahora». Apretó los dientes y se sintió con fuerzas para avanzar:

—Lo malo es que todavía faltan tres meses.

Germán fue quien comprendió.

—Si no es nada más que por eso no hay problemas —dijo.

Y propuso su fórmula. Los otros aceptaron. Al anochecer, cuando entró a la casa con el envoltorio bajo el brazo, su mujer sufrió una desilusión.

—Nada —preguntó.

—Nada —respondió el coronel—. Pero ahora no importa. Los muchachos se encargarán de **alimentar**[250] al gallo.

* * *

—Espérese y le presto un paraguas, compadre.

Don Sabas abrió un armario empotrado en el muro de la oficina. Descubrió un interior confuso, con botas de montar apelotonadas, **estribos**[251] y correas y un cubo de aluminio lleno de **espuelas**[252] de caballero. Colgados en la parte superior, media docena de paraguas y una sombrilla de mujer. El coronel pensó en los destrozos de una catástrofe.

«Gracias, compadre», dijo **acodado**[253] en la ventana. «Prefiero esperar a que escampe». Don Sabas no cerró el armario. Se instaló en el escritorio dentro de la órbita del ventilador eléctrico. Luego extrajo de la gaveta una

---

[250] **alimentar**—feeding.

[251] **estribos**—stirrups.

[252] **espuelas**—riding spurs.

[253] **acodado**—leaning.

jeringuilla[254] hipodérmica envuelta en algodones. El coronel contempló los almendros **plomizos**[255] a través de la lluvia. Era una tarde desierta.

—La lluvia es distinta desde esta ventana —dijo—. Es como si estuviera lloviendo en otro pueblo.

—La lluvia es la lluvia desde cualquier parte —replicó don Sabas. Puso a hervir la jeringuilla sobre la cubierta de vidrio del escritorio—. Este es un pueblo de mierda.

El coronel **se encogió de hombros.**[256] Caminó hacia el interior de la oficina: un salón de baldosas verdes con muebles forrados en telas de colores vivos. Al fondo, amontonados en desorden, sacos de sal, **pellejos de miel**[257] y sillas de montar. Don Sabas lo siguió con una mirada completamente vacía.

—Yo en su lugar no pensaría lo mismo —dijo el coronel.

Se sentó con las piernas cruzadas, fija la mirada tranquila en el hombre inclinado sobre el escritorio. Un hombre pequeño, voluminoso pero de carnes fláccidas, con una tristeza de **sapo**[258] en los ojos.

—Hágase ver del médico, compadre —dijo don Sabas—. Usted está un poco **fúnebre**[259] desde el día del entierro.

El coronel levantó la cabeza.

—Estoy perfectamente bien —dijo.

Don Sabas esperó a que hirviera la jeringuilla. «Si yo pudiera decir lo mismo», se lamentó. «**Dichoso**[260] usted que puede comerse un estribo de cobre». Contempló el peludo envés de sus manos salpicadas de lunares pardos.

---

[254] **jeringuilla**—syringe.

[255] **plomizos**—grayish.

[256] **se encogió de hombros**—shrugged his shoulders.

[257] **pellejos de miel**—honeycombs.

[258] **sapo**—toad.

[259] **fúnebre**—sad.

[260] **Dichoso**—lucky.

Usaba una sortija de piedra negra sobre el anillo de matrimonio.

—Así es —admitió el coronel.

Don Sabas llamó a su esposa a través de la puerta que comunicaba la oficina con el resto de la casa. Luego inició una adolorida explicación de su régimen alimenticio. Extrajo un frasquito del bolsillo de la camisa y puso sobre el escritorio una **pastilla**[261] blanca del tamaño de un grano de habichuelas.

—Es un martirio andar con esto por todas partes —dijo—. Es como cargar la muerte en el bolsillo.

El coronel se acercó al escritorio. Examinó la pastilla en la palma de la mano hasta cuando don Sabas lo invitó a **saborearla**.[262]

—Es para **endulzar**[263] el café —le explicó—. Es azúcar, pero sin azúcar.

—Por supuesto —dijo el coronel, la saliva **impregnada**[264] de una dulzura triste—. Es algo así como repicar pero sin campanas.

Don Sabas se acodó al escritorio con el rostro entre las manos después de que su mujer le aplicó la inyección. El coronel no supo qué hacer con su cuerpo. La mujer desconectó el **ventilador**[265] eléctrico, lo puso sobre la **caja blindada**[266] y luego se dirigió al armario.

—El paraguas tiene algo que ver con la muerte —dijo.

El coronel no le puso atención. Había salido de su casa a las cuatro con el propósito de esperar el correo, pero la lluvia lo obligó a refugiarse en la oficina de don Sabas. Aún llovía cuando pitaron las lanchas.

---

[261] **pastilla**—pill.

[262] **saborearla**—to taste it.

[263] **endulzar**—to sweeten.

[264] **impregnada**—impregnated.

[265] **ventilador**—fan.

[266] **caja blindada**—safe.

«Todo el mundo dice que la muerte es una mujer», siguió diciendo la mujer. Era **corpulenta**,[267] más alta que su marido, y con una verruga pilosa[268] en el labio superior. Su manera de hablar recordaba el zumbido del ventilador eléctrico. «Pero a mí no me parece que sea una mujer», dijo. Cerró el armario y se volvió a consultar la mirada del coronel:

—Yo creo que es un animal con **pezuñas**.[269]

—Es posible —admitió el coronel—. A veces suceden cosas muy extrañas.

Pensó en el administrador de correos saltando a la lancha con un impermeable de hule. Había transcurrido un mes desde cuando cambió de abogado. Tenía derecho a esperar una respuesta. La mujer de don Sabas siguió hablando de la muerte hasta cuando advirtió la expresión absorta del coronel.

—Compadre —dijo—. Usted debe tener una preocupación.

El coronel recuperó su cuerpo.

—Así es, comadre —mintió—. Estoy pensando que ya son las cinco y no se le ha puesto la inyección al gallo.

Ella quedó **perpleja**.[270]

—Una inyección para un gallo como si fuera un ser humano —gritó—. Eso es un sacrilegio.[271]

Don Sabas no soportó más. Levantó el rostro congestionado.

—Cierra la boca un minuto —ordenó a su mujer. Ella se llevó efectivamente las manos a la boca—. Tienes media hora de estar molestando a mi compadre con tus **tonterías**.[272]

—De ninguna manera —protestó el coronel.

---

267 **corpulenta**—hefty, burly.

268 verruga pilosa—hairy mole.

269 **pezuñas**—claws.

270 **perpleja**—confused.

271 sacrilegio—sacrilege.

272 **tonterías**—foolishness.

La mujer dio un portazo.[273] Don Sabas se secó el cuello con un pañuelo impregnado de lavanda. El coronel se acercó a la ventana. Llovía implacablemente. Una gallina de largas patas amarillas atravesaba la plaza desierta.

—¿Es cierto que están inyectando al gallo?

—Es cierto —dijo el coronel—. Los **entrenamientos**[274] empiezan la semana entrante.

—Es una **temeridad**[275] —dijo don Sabas—. Usted no está para esas cosas.

—**De acuerdo**[276] —dijo el coronel— Pero ésa no es una razón para torcerle el pescuezo.[277]

«Es una temeridad idiota», dijo don Sabas dirigiéndose a la ventana. El coronel percibió una respiración de **fuelle**.[278] Los ojos de su compadre le producían piedad.

—Siga mi consejo, compadre —dijo don Sabas—. Venda ese gallo antes que sea demasiado tarde.

—Nunca es demasiado tarde para nada —dijo el coronel.

—No sea irrazonable —insistió don Sabas—. Es un negocio de dos filos. Por un lado se quita de encima ese dolor de cabeza y por el otro se mete novecientos pesos en el bolsillo.

—Novecientos pesos —exclamó el coronel.

—Novecientos pesos.

El coronel concibió la cifra.

—¿Usted cree que darán ese dineral por el gallo?

—No es que lo crea —respondió don Sabas—. Es que estoy absolutamente seguro.

---

[273] dio un portazo—slammed the door.

[274] **entrenamientos**—training.

[275] **temeridad**—madness, stubbornness.

[276] **De acuerdo**—I agree.

[277] torcerle el pescuezo—to wring his neck.

[278] **fuelle**—bellow.

Era la cifra más alta que el coronel había tenido en su cabeza después de que **restituyó**[279] los fondos de la revolución. Cuando salió de la oficina de don Sabas sentía una fuerte torcedura en las tripas, pero tenía conciencia de que esta vez no era a causa del tiempo. En la oficina de correos se dirigió directamente al administrador:

—Estoy esperando una carta urgente —dijo—. Es por avión.

El administrador buscó en las casillas clasificadas. Cuando acabó de leer repuso las cartas en la letra correspondiente pero no dijo nada. **Se sacudió**[280] la palma de las manos y dirigió al coronel una mirada significativa.

—Tenía que llegarme hoy con seguridad —dijo el coronel.

El administrador se encogió de hombros.

—Lo único que llega con seguridad es la muerte, coronel.

Su esposa lo recibió con un plato de mazamorra de maíz.[281] Él la comió en silencio con largas pausas para pensar entre cada cucharada. Sentada frente a él la mujer advirtió que algo había cambiado en la casa.

—Qué te pasa —preguntó.

—Estoy pensando en el empleado de quien depende la pensión —mintió el coronel—. Dentro de cincuenta años nosotros estaremos tranquilos bajo tierra mientras ese pobre hombre agonizará todos los viernes esperando su jubilación.

«Mal síntoma», dijo la mujer. «Eso quiere decir que ya empiezas a resignarte». Siguió con su mazamorra. Pero un momento después se dio cuenta de que su marido continuaba ausente.

—Ahora lo que debes hacer es aprovechar la mazamorra.

---

[279] **restituyó**—returned.

[280] **Se sacudió**—he dusted off.

[281] mazamorra de maíz—corn mush.

—Está muy buena —dijo el coronel—. ¿De dónde salió?

—Del gallo —respondió la mujer—. Los muchachos le han traído tanto maíz, que decidió compartirlo con nosotros. Así es la vida.

—Así es —suspiró el coronel—. La vida es la cosa mejor que se ha inventado.

Miró al gallo amarrado en el soporte de la hornilla y esta vez le pareció un animal diferente. También la mujer lo miró.

—Esta tarde tuve que sacar a los niños con un palo —dijo—. Trajeron una gallina vieja para **enrazarla**[282] con el gallo.

—No es la primera vez —dijo el coronel—. Es lo mismo que hacían en los pueblos con el coronel Aureliano Buendía. Le llevaban muchachitas para enrazar.

Ella celebró la ocurrencia. El gallo produjo un sonido gutural que llegó hasta el corredor como una sorda conversación humana. «A veces pienso que ese animal va a hablar», dijo la mujer. El coronel volvió a mirarlo.

—Es un gallo contante y sonante[283] —dijo. Hizo cálculos mientras sorbía una cucharada de mazamorra—. Nos dará para comer tres años.

—La ilusión no se come —dijo ella.

—No se come, pero alimenta —replicó el coronel—. Es algo así como las pastillas milagrosas de mi compadre Sabas.

Durmió mal esa noche tratando de borrar cifras en su cabeza. Al día siguiente al almuerzo la mujer sirvió dos platos de mazamorra y consumió el suyo con la

---

[282] **enrazarla**—to breed her.

[283] contante y sonante—literally, cash, ready money; meaning the rooster is a good investment or he is worth his weight in gold.

cabeza baja, sin pronunciar una palabra. El coronel se sintió contagiado de un humor sombrío.

—Qué te pasa.

—Nada —dijo la mujer.

Él tuvo la impresión de que esta vez le había correspondido a ella el turno de mentir. Trató de consolarla. Pero la mujer insistió.

—No es nada raro —dijo—. Estoy pensando que el muerto va a tener dos meses y todavía no he dado el pésame.

Así que fue a darlo esa noche. El coronel la acompañó a la casa del muerto y luego se dirigió al salón de cine atraído por la música de los **altavoces**.[284] Sentado a la puerta de su despacho el padre Ángel vigilaba el ingreso para saber quiénes asistían al **espectáculo**[285] a pesar de sus doce advertencias. Los chorros de luz, la música estridente y los gritos de los niños oponían una resistencia física en el sector. Uno de los niños amenazó al coronel con una escopeta de palo.

—Qué hay del gallo, coronel —dijo con voz autoritaria.

El coronel levantó las manos.

—Ahí está el gallo.

Un cartel a cuatro tintas ocupaba enteramente la fachada del salón: «Virgen de medianoche». Era una mujer en traje de baile con una pierna descubierta hasta el muslo. El coronel siguió vagando por los alrededores hasta cuando estallaron truenos y relámpagos remotos. Entonces volvió por su mujer.

No estaba en la casa del muerto. Tampoco en la suya. El coronel calculó que faltaba muy poco para el toque de queda, pero el reloj estaba parado. Esperó, sintiendo avanzar la tempestad hacia el pueblo. Se disponía a salir de nuevo cuando su mujer entró a la casa.

---

[284] **altavoces**—speakers.
[285] **espectáculo**—show.

Llevó el gallo al dormitorio. Ella se cambió la ropa y fue a tomar agua en la sala en el momento en que el coronel terminaba de dar cuerda al reloj y esperaba el toque de queda para poner la hora.

—¿Dónde estabas? —preguntó el coronel.

«Por ahí», respondió la mujer. Puso el vaso en el **tinajero**[286] sin mirar a su marido y volvió al dormitorio. «Nadie creía que fuera a llover tan temprano». El coronel no hizo ningún comentario. Cuando sonó el toque de queda puso el reloj en las once, cerró el vidrio y colocó la silla en su puesto.

Encontró a su mujer rezando el rosario.

—No me has contestado una pregunta —dijo el coronel.

—Cuál.

—¿Dónde estabas?

—Me quedé hablando por ahí —dijo ella—. Hacía tanto tiempo que no salía a la calle.

El coronel colgó la hamaca. Cerró la casa y fumigó la habitación. Luego puso la lámpara en el suelo y se acostó.

—Te comprendo —dijo tristemente—. Lo peor de la mala situación es que lo obliga a uno a decir mentiras.

Ella exhaló un largo suspiro.

—Estaba donde el padre Ángel —dijo—. Fui a solicitarle un **préstamo**[287] sobre los anillos de matrimonio.

—¿Y qué te dijo?

—Que es **pecado**[288] negociar con las cosas **sagradas**.[289]

Siguió hablando desde el mosquitero. «Hace dos días traté de vender el reloj», dijo. «A nadie le interesa porque están vendiendo a plazos[290] unos relojes modernos

---

[286] **tinajero**—washstand.

[287] **préstamo**—loan.

[288] **pecado**—sin.

[289] **sagradas**—sacred.

[290] vendiendo a plazos—selling on the installment plan.

con números luminosos. Se puede ver la hora en la oscuridad». El coronel comprobó que cuarenta años de vida común, de hambre común, de **sufrimientos**[291] comunes, no le habían bastado para conocer a su esposa. Sintió que algo había envejecido también en el amor.

—Tampoco quieren el cuadro —dijo ella—. Casi todo el mundo tiene el mismo. Estuve hasta donde los turcos.

El coronel se encontró amargo.

—De manera que ahora todo el mundo sabe que nos estamos muriendo de hambre.

—Estoy cansada —dijo la mujer—. Los hombres no se dan cuenta de los problemas de la casa. Varias veces he puesto a hervir piedras para que los vecinos no sepan que tenemos muchos días de no poner la olla.

El coronel se sintió ofendido.

—Eso es una verdadera humillación —dijo.

La mujer abandonó el mosquitero y se dirigió a la hamaca. «Estoy dispuesta a acabar con los **remilgos**[292] y las contemplaciones en esta casa», dijo. Su voz empezó a oscurecerse de cólera. «Estoy hasta la coronilla de resignación y dignidad».

El coronel no movió un músculo.

—Veinte años esperando los pajaritos de colores que te prometieron después de cada elección y de todo eso nos queda un hijo muerto —prosiguió ella—. Nada más que un hijo muerto.

El coronel estaba acostumbrado a esa clase de **recriminaciones**.[293]

—Cumplimos con nuestro deber —dijo.

—Y ellos cumplieron con ganarse mil pesos mensuales en el senado durante veinte años —replicó la mujer—. Ahí tienes a mi compadre Sabas con una casa

---

[291] **sufrimientos**—suffering, hardship.
[292] **remilgos**—affectation.
[293] **recriminaciones**—recrimination.

de dos pisos que no le alcanza para meter la plata, un hombre que llegó al pueblo vendiendo medicinas con una **culebra**[294] enrollada en el pescuezo.

—Pero se está muriendo de diabetes —dijo el coronel.

—Y tú te estás muriendo de hambre —dijo la mujer—. Para que te convenzas que la dignidad no se come.

La interrumpió el relámpago. El trueno se despedazó en la calle, entró al dormitorio y pasó rodando por debajo de la cama como un tropel de piedras.[295] La mujer saltó hacia el mosquitero en busca del rosario.

El coronel sonrió.

—Esto te pasa por no **frenar**[296] la lengua —dijo—. Siempre te he dicho que Dios es mi copartidario.[297]

Pero en realidad se sentía amargado. Un momento después apagó la lámpara y se hundió a pensar en una oscuridad cuarteada por los relámpagos. Se acordó de Macondo. El coronel esperó diez años a que se cumplieran las promesas de Neerlandia. En el sopor de la siesta vio llegar un tren amarillo y polvoriento con hombres y mujeres y animales asfixiándose de calor, amontonados hasta en el techo de los vagones. Era la fiebre del banano.[298] En veinticuatro horas transformaron el pueblo. «Me voy», dijo entonces el coronel. «El olor del banano me descompone los intestinos». Y abandonó a Macondo en el tren de regreso, el miércoles veintisiete de junio de mil novecientos seis a las dos y dieciocho minutos de la tarde. Necesitó medio siglo para darse cuenta de que no había tenido un minuto de sosiego después de la rendición de Neerlandia.

Abrió los ojos.

—Entonces no hay que pensarlo más —dijo.

---

[294] **culebra**—snake.

[295] un tropel de piedras—a heap of stones.

[296] **frenar**—holding.

[297] copartidario—partner; meaning "God is on my side."

[298] la fiebre del banano—the banana fever, which spread through coastal Colombia in the 1920's and gave the population hope for a revitalized economy.

—Qué.

—La cuestión del gallo —dijo el coronel—. Mañana mismo se lo vendo a mi compadre Sabas por novecientos pesos.

A través de la ventana penetraron a la oficina los gemidos de los animales **castrados**[299] revueltos con los gritos de don Sabas. «Si no viene dentro de diez minutos, me voy», se prometió el coronel, después de dos horas de espera. Pero esperó veinte minutos más. Se disponía a salir cuando don Sabas entró a la oficina seguido por un grupo de **peones**.[300] Pasó varias veces frente al coronel sin mirarlo.

Sólo lo descubrió cuando salieron los peones.

—¿Usted me está esperando, compadre?

—Sí, compadre —dijo el coronel—. Pero si está muy ocupado puedo venir más tarde.

Don Sabas no lo escuchó desde el otro lado de la puerta.

—Vuelvo en seguida —dijo.

Era un mediodía ardiente. La oficina resplandecía con la reverberación de la calle. **Embotado**[301] por el calor, el coronel cerró los ojos involuntariamente y en seguida empezó a soñar con su mujer. La esposa de don Sabas entró **de puntillas**.[302]

—No despierte, compadre —dijo—. Voy a cerrar las persianas porque esta oficina es un infierno.

El coronel la persiguió con una mirada completamente inconsciente. Ella habló en la **penumbra**[303] cuando cerró la ventana.

—¿Usted sueña con frecuencia?

—A veces —respondió el coronel, avergonzado de haber dormido—. Casi siempre sueño que me enredo en telarañas.

---

[299] **castrados**—castrated.

[300] **peones**—workers.

[301] **Embotado**—dulled.

[302] **de puntillas**—on tiptoe.

[303] **penumbra**—shadow.

—Yo tengo pesadillas todas las noches —dijo la mujer—. Ahora se me ha dado por saber quién es esa gente desconocida que uno se encuentra en los sueños.

Conectó el ventilador eléctrico. «La semana pasada se me apareció una mujer en la cabecera de la cama», dijo. «Tuve el valor de preguntarle quién era y ella me contestó: Soy la mujer que murió hace doce años en este cuarto».

—La casa fue construida hace apenas dos años —dijo la mujer—. Eso quiere decir que hasta los muertos se equivocan.

El zumbido del ventilador eléctrico consolidó la penumbra. El coronel se sintió impaciente, atormentado por el sopor y por la **bordoneante**[304] mujer que pasó directamente de los sueños al misterio de la reencarnación. Esperaba una pausa para despedirse cuando don Sabas entró a la oficina con su **capataz**.[305]

—Te he calentado la sopa cuatro veces —dijo la mujer.

—Si quieres caliéntala diez veces —dijo don Sabas—. Pero ahora no me friegues la paciencia.[306]

Abrió la caja de caudales[307] y entregó a su capataz un rollo de billetes junto con una serie de instrucciones. El capataz descorrió las persianas para contar el dinero. Don Sabas vio al coronel en el fondo de la oficina pero no reveló ninguna reacción. Siguió conversando con el capataz. El coronel se incorporó en el momento en que los dos hombres se disponían a abandonar de nuevo la oficina. Don Sabas se detuvo antes de abrir la puerta.

—¿Qué es lo que se le ofrece, compadre?

El coronel comprobó que el capataz lo miraba.

—Nada, compadre —dijo—. Que quisiera hablar con usted.

---

[304] **bordoneante**—rambling.
[305] **capataz**—foreman.
[306] no me friegues la paciencia—stop nagging.
[307] caja de caudales—safe.

—Lo que sea dígalo en seguida —dijo don Sabas—. No puedo perder un minuto.

Permaneció en suspenso con la mano apoyada en el pomo de la puerta. El coronel sintió pasar los cinco segundos más largos de su vida. Apretó los dientes.

—Es para la cuestión del gallo —murmuró.

Entonces don Sabas acabó de abrir la puerta. «La cuestión del gallo», repitió sonriendo, y empujó al capataz hacia el corredor. «El mundo cayéndose y mi compadre pendiente de ese gallo».

Y luego, dirigiéndose al coronel:

—Muy bien, compadre. Vuelvo en seguida.

El coronel permaneció inmóvil en el centro de la oficina hasta cuando acabó de oír las **pisadas**[308] de los dos hombres en el extremo del corredor. Después salió a caminar por el pueblo paralizado en la siesta dominical.[309] No había nadie en la sastrería. El consultorio del médico estaba cerrado. Nadie vigilaba la mercancía expuesta en los almacenes de los sirios.[310] El río era una lámina de acero. Un hombre dormía en el puerto sobre cuatro tambores de petróleo, el rostro protegido del sol por un sombrero. El coronel se dirigió a su casa con la certidumbre de ser la única cosa móvil en el pueblo.

La mujer lo esperaba con un almuerzo completo.

—Hice un fiado[311] con la promesa de pagar mañana temprano —explicó.

Durante el almuerzo el coronel le contó los incidentes de las tres últimas horas. Ella lo escuchó impaciente.

—Lo que pasa es que a ti te falta carácter —dijo luego—. Te presentas como si fueras a pedir una limosna cuando debías llegar con la cabeza levantada y llamar aparte a mi compadre y decirle: «Compadre, he decidido venderle el gallo».

---

[308] **pisadas**—footsteps.

[309] siesta dominical—Sunday siesta.

[310] sirios—Syrians.

[311] Hice un fiado—I bought it on credit.

—Así la vida es un soplo[312] —dijo el coronel.

Ella asumió una actitud enérgica. Esa mañana había puesto la casa en orden y estaba vestida de una manera **insólita,**[313] con los viejos zapatos de su marido, un **delantal**[314] de hule y un trapo amarrado en la cabeza con dos nudos en las orejas. «No tienes el menor sentido de los negocios», dijo. «Cuando se va a vender una cosa hay que poner la misma cara con que se va a comprar».

El coronel descubrió algo divertido en su figura.

—Quédate así como estás —la interrumpió sonriendo—. Eres idéntica al hombrecito de la avena Quaker.

Ella se quitó el trapo de la cabeza.

—Te estoy hablando en serio —dijo—. Ahora mismo llevo el gallo a mi compadre y te apuesto lo que quieras que regreso dentro de media hora con los novecientos pesos.

—Se te subieron los ceros a la cabeza —dijo el coronel—. Ya empiezas a jugar la plata del gallo.

Le costó trabajo **disuadirla.**[315] Ella había dedicado la mañana a organizar mentalmente el programa de tres años sin la agonía de los viernes. Preparó la casa para recibir los novecientos pesos. Hizo una lista de las cosas esenciales de que carecían, sin olvidar un par de zapatos nuevos para el coronel. Destinó en el dormitorio un sitio para el espejo. La momentánea frustración de sus proyectos le produjo una confusa sensación de vergüenza y resentimiento.

Hizo una corta siesta. Cuando se incorporó, el coronel estaba sentado en el patio.

—Y ahora qué haces —preguntó ella.

---

[312] la vida es un soplo—life is a breeze.

[313] **insólita**—very strange.

[314] **delantal**—apron.

[315] **disuadirla**—to dissuade her; to convince her otherwise.

—Estoy pensando —dijo el coronel.

—Entonces está resuelto el problema. Ya se podrá contar con esa plata dentro de cincuenta años.

Pero en realidad el coronel había decidido vender el gallo esa misma tarde. Pensó en don Sabas, solo en su oficina, preparándose frente al ventilador eléctrico para la inyección diaria. Tenía previstas sus respuestas.

—Lleva el gallo —le recomendó su mujer al salir—. La cara del santo hace el milagro.[316]

El coronel se opuso. Ella lo persiguió hasta la puerta de la calle con una desesperante ansiedad.

—No importa que esté la tropa en su oficina —dijo—. Lo agarras por el brazo y no lo dejas moverse hasta que no te dé los novecientos pesos.

—Van a creer que estamos preparando un asalto.

Ella no le hizo caso.

—Acuérdate que tú eres el dueño del gallo —insistió—. Acuérdate que eres tú quien va a hacerle el favor.

—Bueno.

Don Sabas estaba con el médico en el dormitorio. «Aprovéchelo ahora, compadre», le dijo su esposa al coronel. «El doctor lo está preparando para viajar a la **finca**[317] y no vuelve hasta el jueves». El coronel se debatió entre dos fuerzas contrarias: a pesar de su determinación de vender el gallo quiso haber llegado una hora más tarde para no encontrar a don Sabas.

—Puedo esperar —dijo.

Pero la mujer insistió. Lo condujo al dormitorio donde estaba su marido sentado en la cama tronal,[318] en calzoncillos, fijos en el médico los ojos sin color.

---

[316] La cara del santo hace el milagro—seeing him in the flesh will work a miracle.

[317] **finca**—ranch.

[318] cama tronal—throne-like bed.

El coronel esperó hasta cuando el médico calentó el tubo de vidrio con la orina del paciente, **olfateó**[319] el vapor e hizo a don Sabas un signo **aprobatorio**.[320]

—Habrá que fusilarlo —dijo el médico dirigiéndose al coronel—. La diabetes es demasiado lenta para acabar con los ricos.

«Ya usted ha hecho lo posible con sus malditas inyecciones de insulina»,[321] dijo don Sabas, y dio un salto sobre sus nalgas fláccidas. «Pero yo soy un clavo duro de morder».[322] Y luego, hacia el coronel:

—Adelante, compadre. Cuando salí a buscarlo esta tarde no encontré ni el sombrero.

—No lo uso para no tener que quitármelo delante de nadie.

Don Sabas empezó a vestirse. El médico se metió en el bolsillo del saco un tubo de cristal con una muestra de sangre. Luego puso orden en el maletín. El coronel pensó que se disponía a despedirse.

—Yo en su lugar le pasaría a mi compadre una cuenta de cien mil pesos, doctor —dijo—. Así no estará tan ocupado.

—Ya le he propuesto el negocio, pero con un millón —dijo el médico. La pobreza es el mejor remedio contra la diabetes.

«Gracias por la receta», dijo don Sabas tratando de meter su vientre voluminoso en los pantalones de montar. «Pero no la acepto para evitarle a usted la calamidad de ser rico». El médico vio sus propios dientes reflejados en la cerradura **niquelada**[323] del maletín. Miró su reloj sin manifestar impaciencia. En el momento de

---

[319] **olfateó**—sniffed.

[320] **aprobatorio**—approving.

[321] insulina—insulin; substance that most people produce naturally in their body and which controls the level of sugar in their blood. People with diabetes cannot produce insulin and have to take regular doses of it.

[322] un clavo duro de morder—a hard nut to crack.

[323] niquelada—chromed.

ponerse las botas don Sabas se dirigió al coronel intempestivamente.

—Bueno, compadre, qué es lo que pasa con el gallo.

El coronel se dio cuenta de que también el médico estaba pendiente de su respuesta. Apretó los dientes.

—Nada, compadre —murmuró—. Que vengo a vendérselo.

Don Sabas acabó de ponerse las botas.

—Muy bien, compadre —dijo sin emoción—. Es la cosa más **sensata**[324] que se le podía ocurrir.

—Ya yo estoy muy viejo para estos enredos —se justificó el coronel frente a la expresión impenetrable del médico—. Si tuviera veinte años menos sería diferente.

—Usted siempre tendrá veinte años menos —replicó el médico.

El coronel recuperó el aliento. Esperó a que don Sabas dijera algo más, pero no lo hizo. Se puso una chaqueta de cuero con cerradura de cremallera[325] y se preparó para salir del dormitorio.

—Si quiere hablamos la semana entrante, compadre —dijo el coronel.

—Eso le iba a decir —dijo don Sabas—. Tengo un cliente que quizá le dé cuatrocientos pesos. Pero tenemos que esperar hasta el jueves.

—¿Cuánto? —preguntó el médico.

—Cuatrocientos pesos.

—Había oído decir que valía mucho más —dijo el médico.

—Usted me había hablado de novecientos pesos —dijo el coronel, amparado en la perplejidad del doctor—. Es el mejor gallo de todo el Departamento.

Don Sabas respondió al médico.

«En otro tiempo cualquiera hubiera dado mil», explicó. «Pero ahora nadie se atreve a soltar un buen

---

[324] **sensata**—sensible.
[325] de cremallera—zippered.

gallo. Siempre hay el riesgo de salir muerto a tiros de la gallera». Se volvió hacia el coronel con una desolación aplicada:

—Eso fue lo que quise decirle, compadre.

El coronel aprobó con la cabeza.

—Bueno —dijo.

Los siguió por el corredor. El médico quedó en la sala **requerido**[326] por la mujer de don Sabas que le pidió un remedio «para esas cosas que de pronto le dan a uno y que no se sabe qué es». El coronel lo esperó en la oficina. Don Sabas abrió la **caja fuerte**,[327] se metió dinero en todos los bolsillos y extendió cuatro billetes al coronel.

—Ahí tiene sesenta pesos, compadre —dijo—. Cuando se venda el gallo arreglaremos cuentas.

El coronel acompañó al médico a través de los bazares del puerto que empezaban a revivir con el fresco de la tarde. Una **barcaza**[328] cargada de caña de azúcar descendía por el hilo de la **corriente**.[329] El coronel encontró en el médico un hermetismo insólito.

—¿Y usted cómo está, doctor? El médico se encogió de hombros.

—Regular —dijo—. Creo que estoy necesitando un médico.

—Es el invierno —dijo el coronel—. A mí me descompone los intestinos.

El médico lo examinó con una mirada absolutamente desprovista de interés profesional. Saludó sucesivamente a los sirios sentados a la puerta de sus almacenes. En la puerta del consultorio el coronel expuso su opinión sobre la venta del gallo.

—No podía hacer otra cosa —le explicó—. Ese animal se alimenta de carne humana.

---

[326] **requerido**—detained.

[327] **caja fuerte**—safe.

[328] **barcaza**—barge.

[329] **corriente**—current.

—El único animal que se alimenta de carne humana es don Sabas —dijo el médico—. Estoy seguro de que venderá el gallo por los novecientos pesos.

—¿Usted cree?

—Estoy seguro —dijo el médico—. Es un negocio tan redondo como su famoso pacto patriótico con el alcalde.

El coronel se resistió a creerlo. «Mi compadre hizo ese pacto para salvar el pellejo», dijo. «Por eso pudo quedarse en el pueblo».

«Y por eso pudo comprar a mitad de precio los **bienes**[330] de sus propios copartidarios que el alcalde expulsaba del pueblo», replicó el médico. Llamó a la puerta pues no encontró las llaves en los bolsillos. Luego se enfrentó a la incredulidad del coronel.

—No sea ingenuo —dijo—. A don Sabas le interesa la plata mucho más que su propio pellejo.

La esposa del coronel salió de compras esa noche. Él la acompañó hasta los almacenes de los sitios rumiando las revelaciones del médico.

—Busca en seguida a los muchachos y diles que el gallo está vendido — le dijo ella—. No hay que dejarlos con la ilusión.

—El gallo no estará vendido mientras no venga mi compadre Sabas — respondió el coronel.

Encontró a Álvaro jugando ruleta[331] en el salón de billares. El establecimiento hervía en la noche del domingo. El calor parecía más intenso a causa de las vibraciones del radio a todo volumen. El coronel se entretuvo con los números de vivos colores pintados en un largo tapiz de hule negro e iluminados por una linterna de petróleo puesta sobre un cajón en el centro de la mesa. Álvaro **se obstinó**[332] en perder en el veintitrés.

---

[330] **bienes**—property.

[331] ruleta—roulette.

[332] **se obstinó**—insisted on.

Siguiendo el juego por encima de su hombro el coronel observó que el once salió cuatro veces en nueve vueltas.

—Apuesta al once —murmuró al oído de Álvaro—. Es el que más sale.

Álvaro examinó el tapiz. No apostó en la vuelta siguiente. Sacó dinero del bolsillo del pantalón, y con el dinero una hoja de papel. Se la dio al coronel por debajo de la mesa.

—Es de Agustín —dijo.

El coronel guardó en el bolsillo la hoja clandestina. Álvaro apostó fuerte al once.

—Empieza por poco —dijo el coronel.

«Puede ser una buena corazonada», replicó Álvaro. Un grupo de jugadores vecinos retiró las apuestas de otros números y apostaron al once cuando ya había empezado a **girar**[333] la enorme rueda de colores. El coronel se sintió **oprimido**.[334] Por primera vez experimentó la fascinación, el sobresalto y la amargura del **azar**.[335]

Salió el cinco.

—Lo siento —dijo el coronel avergonzado, y siguió con un irresistible sentimiento de culpa el rastrillo de madera que arrastró el dinero de Álvaro—. Esto me pasa por meterme en lo que no me importa.

Álvaro sonrió sin mirarlo.

—No se preocupe, coronel. Pruebe en el amor.

De pronto se interrumpieron las trompetas del mambo.[336] Los jugadores se dispersaron con las manos en alto. El coronel sintió a sus espaldas el **crujido**[337] seco, articulado y frío de un fusil al ser montado. Comprendió que había caído fatalmente en una **batida**[338]

---

[333] **girar**—to turn.

[334] **oprimido**—oppressed.

[335] **azar**—chance; here meaning gambling.

[336] las trompetas del mambo—the trumpets playing a mambo.

[337] **crujido**—snap.

[338] **batida**—raid.

de la policía con la hoja clandestina en el bolsillo. Dio media vuelta sin levantar las manos. Y entonces vio de cerca, por la primera vez en su vida, al hombre que disparó contra su hijo. Estaba exactamente frente a él con el cañón del fusil apuntando contra su vientre. Era pequeño, aindiado,[339] de piel curtida, y exhalaba un **tufo**[340] infantil. El coronel apretó los dientes y apartó suavemente con la punta de los dedos el cañón del fusil.

—Permiso —dijo.

Se enfrentó a unos pequeños y redondos ojos de murciélago. En un instante se sintió tragado por esos ojos, **triturado**,[341] **digerido**[342] e inmediatamente expulsado.

—Pase usted, coronel.

* * *

No necesitó abrir la ventana para identificar a diciembre. Lo descubrió en sus propios huesos cuando picaba en la cocina las frutas para el desayuno del gallo. Luego abrió la puerta y la visón del patio maravilloso, con la hierba y los árboles y el cuartito del excusado flotando en la claridad, a un milímetro sobre el **nivel**[343] del suelo.

Su esposa permaneció en la cama hasta las nueve. Cuando apareció en la cocina ya el coronel había puesto orden en la casa y conversaba con los niños en torno al gallo.

Ella tuvo que hacer un rodeo para llegar hasta la hornilla.

—Quítense del medio —gritó. Dirigió al animal una

---

[339] aindiado—Indian-looking.

[340] **tufo**—breath.

[341] **triturado**—crushed.

[342] **digerido**—digested.

[343] **nivel**—level.

mirada sombría—. No veo la hora de salir de este pájaro de **mal agüero**.[344]

El coronel examinó a través del gallo el humor de su esposa. Nada en él merecía **rencor**.[345] Estaba listo para los entrenamientos. El cuello y los muslos pelados y cárdenos, la cresta rebanada,[346] el animal había adquirido una figura **escueta**,[347] un aire indefenso.

—Asómate a la ventana y olvídate del gallo —dijo el coronel cuando se fueron los niños—. En una mañana así dan ganas de sacarse un retrato.

Ella se asomó a la ventana pero su rostro no reveló ninguna emoción. «Me gustaría sembrar las rosas», dijo de regreso a la hornilla. El coronel colgó el espejo en el horcón para afeitarse.

—Si quieres sembrar las rosas, siémbralas —dijo.

Trató de acordar sus movimientos a los de la imagen.

—Se las comen los **puercos**[348] —dijo ella.

—Mejor —dijo el coronel—. Deben ser muy buenos los puercos engordados con rosas.

Buscó a la mujer en el espejo y se dio cuenta de que continuaba con la misma expresión. Al resplandor del fuego su rostro parecía modelado en la materia de la hornilla. Sin advertirlo, fijos los ojos en ella, el coronel siguió afeitándose al tacto como lo había hecho durante muchos años. La mujer pensó, en un largo silencio.

—Es que no quiero sembrarlas —dijo.

—Bueno —dijo el coronel—. Entonces no las siembres.

Se sentía bien. Diciembre había **marchitado**[349] la flora de sus vísceras. Sufrió una contrariedad esa

---

[344] **mal agüero**—bad omen.

[345] **rencor**—resentment.

[346] rebanada—sawtoothed.

[347] **escueta**—thin.

[348] **puercos**—pigs.

[349] **marchitado**—shriveled.

mañana tratando de ponerse los zapatos nuevos. Pero después de intentarlo varias veces comprendió que era un esfuerzo inútil y se puso los botines de charol. Su esposa advirtió el cambio.

—Si no te pones los nuevos no acabarás de **amansarlos**[350] nunca —dijo.

—Son zapatos de paralítico —protestó el coronel—. El **calzado**[351] debían venderlo con un mes de uso.

Salió a la calle estimulado por el presentimiento de que esa tarde llegaría la carta. Como aún no era la hora de las lanchas esperó a don Sabas en su oficina. Pero le confirmaron que no llegaría sino el lunes. No se desesperó a pesar de que no había previsto ese contratiempo. «Tarde o temprano tiene que venir», se dijo, y se dirigió al puerto, en un instante **prodigioso**,[352] hecho de una claridad todavía sin usar.

—Todo el año debía ser diciembre —murmuró, sentado en el almacén del sirio Moisés—. Se siente uno como si fuera de vidrio.

El sirio Mosiés debió hacer un esfuerzo para traducir la idea a su árabe casi olvidado. Era un oriental plácido forrado hasta el cráneo en una piel lisa y estirada, con densos movimientos de ahogado. Parecía efectivamente salvado de las aguas.

—Así era antes —dijo—. Si ahora fuera lo mismo yo tendría ochocientos noventa y siete años. ¿Y tú?

«Setenta y cinco», dijo el coronel, persiguiendo con la mirada al administrador de correos. Sólo entonces descubrió el circo. Reconoció la **carpa**[353] remendada en el techo de la lancha del correo entre un montón de objetos de colores. Por un instante perdió al

---

[350] **amansarlos**—break them in.

[351] **calzado**—shoes, footwear.

[352] **prodigioso**—marvelous.

[353] **carpa**—tent.

administrador para buscar las **fieras**[354] entre las cajas apelotonadas sobre las otras lanchas. No las encontró.

—Es un circo —dijo—. Es el primero que viene en diez años.

El sirio Moisés verificó la información. Habló a su mujer en una **mescolanza**[355] de árabe y español. Ella respondió desde la **trastienda**.[356] Él hizo un comentario para sí mismo y luego tradujo su preocupación al coronel.

—Esconde el gallo, coronel. Los muchachos se lo roban para vendérselo al circo.

El coronel se dispuso a seguir al administrador.

—No es un circo de fieras —dijo.

—No importa —replicó el sirio—. Los maromeros[357] comen gallos para no romperse los huesos.

Siguió al administrador a través de los bazares del puerto hasta la plaza. Allí lo sorprendió el turbulento clamor de la gallera. Alguien, al pasar, le dijo algo de su gallo. Sólo entonces recordó que era el día fijado para iniciar los entrenamientos.

Pasó de largo por la oficina de correos. Un momento después estaba sumergido en la turbulenta atmósfera de la gallera. Vio su gallo en el centro de la pista, solo, indefenso, las espuelas[358] envueltas en trapos, con algo de miedo evidente en el temblor de las patas. El adversario era un gallo triste y **ceniciento**.[359] El coronel no experimentó ninguna emoción. Fue una sucesión de asaltos iguales. Una instantánea **trabazón**[360] de plumas y patas y pescuezos en el centro de una alborotada **ovación**.[361] Despedido contra las tablas de la barrera el

---

[354] **fieras**—wild animals.

[355] **mescolanza**—mixture.

[356] **trastienda**—back of the store.

[357] maromeros—tightrope walkers.

[358] espuelas—spurs.

[359] **ceniciento**—ashen.

[360] **trabazón**—linking together.

[361] **ovación**—ovation; wild applause.

adversario daba una vuelta sobre sí mismo y regresaba al asalto. Su gallo no atacó. Rechazó cada asalto y volvió a caer exactamente en el mismo sitio. Pero ahora sus patas no temblaban.

Germán saltó la barrera, lo levantó con las dos manos y lo mostró al público de las graderías.[362] Hubo una **frenética**[363] explosión de aplausos y gritos. El coronel notó la desproporción entre el entusiasmo de la ovación y la intensidad del espectáculo. Le pareció una farsa a la cual —voluntaria y conscientemente— se prestaban también los gallos.

Examinó la galería circular impulsado por una curiosidad un poco **despreciativa**.[364] Una multitud exaltada se precipitó por las graderías hacia la **pista**.[365] El coronel observó la confusión de rostros cálidos, ansiosos, terriblemente vivos. Era gente nueva. Toda la gente nueva del pueblo. Revivió —como en un **presagio**—[366] un instante borrado en el horizonte de su memoria. Entonces saltó la barrera, se abrió paso a través de la multitud concentrada en el redondel y se enfrentó a los tranquilos ojos de Germán. Se miraron sin **parpadear**.[367]

—Buenas tardes, coronel.

El coronel le quitó el gallo. «Buenas tardes», murmuró. Y no dijo nada más porque lo estremeció la caliente y profunda palpitación del animal. Pensó que nunca había tenido una cosa tan viva entre las manos.

—Usted no estaba en la casa —dijo Germán, perplejo.

Lo interrumpió una nueva ovación. El coronel se sintió intimidado. Volvió a abrirse paso, sin mirar a

---

[362] graderías—bleachers.

[363] **frenética**—frenetic.

[364] **despreciativa**—disdainful.

[365] **pista**—pit.

[366] **presagio**—omen.

[367] **parpadear**—blinking.

nadie, aturdido por los aplausos y los gritos, y salió a la calle con el gallo bajo el brazo.

Todo el pueblo —la gente de abajo—[368] salió a verlo pasar seguido por los niños de la escuela. Un negro gigantesco **trepado**[369] en una mesa y con una culebra enrollada en el cuello vendía medicinas sin licencia en una esquina de la plaza. De regreso se había detenido a escuchar su pregón. Pero cuando pasó el coronel con el gallo la atención se desplazó hacia él. Nunca había sido tan largo el camino de su casa.

No se arrepintió. Desde hacía mucho tiempo el pueblo **yacía**[370] en una especie de sopor, estragado por diez años de historia. Esa tarde —otro viernes sin carta— la gente había despertado. El coronel se acordó de otra época. Se vio a sí mismo con su mujer y su hijo asistiendo bajo el paraguas a un espectáculo que no fue interrumpido a pesar de la lluvia. Se acordó de los dirigentes de su partido, escrupulosamente peinados, abanicándose en el patio de su casa al compás de la música. Revivió casi la dolorosa resonancia del bombo en sus intestinos.

Cruzó por la calle paralela al río y también allí encontró la tumultuosa muchedumbre de los remotos domingos electorales. Observaban el **descargue**[371] del circo. Desde el interior de una tienda una mujer gritó algo relacionado con el gallo. Él siguió absorto hasta su casa, todavía oyendo voces dispersas, como si lo persiguieran los desperdicios de la ovación de la gallera.

En la puerta se dirigió a los niños.

—Todos para su casa —dijo—. Al que entre lo saco a correazos.[372]

---

[368] la gente de abajo—the lower-class people.

[369] **trepado**—standing on.

[370] **yacía**—had lain.

[371] **descargue**—unloading.

[372] a correazos—with lashes given with a belt.

Puso la **tranca**[373] y se dirigió directamente a la cocina. Su mujer salió asfixiándose del dormitorio.

«Se lo llevaron a la fuerza», gritó. «Les dije que el gallo no saldría de esta casa mientras yo estuviera viva». El coronel amarró el gallo al soporte de la hornilla. Cambió el agua al tarro perseguido por la voz frenética de la mujer.

—Dijeron que se lo llevarían por encima de nuestros cadáveres —dijo—. Dijeron que el gallo no era nuestro sino de todo el pueblo.

Sólo cuando terminó con el gallo el coronel se enfrentó al rostro trastornado de su mujer. Descubrió sin asombro que no le producía **remordimiento**[374] ni compasión.

«Hicieron bien», dijo calmadamente. Y luego, registrándose los bolsillos, agregó con una especie de **insondable**[375] dulzura:

—El gallo no se vende.

Ella lo siguió hasta el dormitorio. Lo sintió completamente humano, pero **inasible**,[376] como si lo estuviera viendo en la **pantalla**[377] de un cine. El coronel extrajo del ropero un rollo de billetes, lo juntó al que tenía en los bolsillos, contó el total y lo guardó en el ropero.

—Ahí hay veintinueve pesos para devolvérselos a mi compadre Sabas — dijo—. El resto se le paga cuando venga la pensión.

—Y si no viene —preguntó la mujer.

—Vendrá.

—Pues si no viene.

---

[373] **tranca**—bar.
[374] **remordimiento**—remorse.
[375] **insondable**—bottomless.
[376] **inasible**—untouchable.
[377] **pantalla**—screen.

—Pues entonces no se le paga. Encontró los zapatos nuevos debajo de la cama. Volvió al armario por la caja de cartón, limpió la suela con un trapo y metió los zapatos en la caja, como los llevó su esposa el domingo en la noche. Ella no se movió.

—Los zapatos se devuelven —dijo el coronel—. Son trece pesos más para mi compadre.

—No los reciben —dijo ella.

—Tienen que recibirlos —replicó el coronel—. Sólo me los he puesto dos veces.

—Los turcos no entienden de esas cosas —dijo la mujer.

—Tienen que entender.

—Y si no entienden.

—Pues entonces que no entiendan.

Se acostaron sin comer. El coronel esperó a que su esposa terminara el rosario para apagar la lámpara. Pero no pudo dormir. Oyó las campanas de la censura cinematográfica, y casi en seguida —tres horas después— el toque de queda. La pedregosa respiración de la mujer se hizo angustiosa con el aire helado de la madrugada. El coronel tenía aún los ojos abiertos cuando ella habló con una voz reposada, conciliatoria.

—Estás despierto.

—Sí.

—Trata de entrar en razón —dijo la mujer—. Habla mañana con mi compadre Sabas.

—No viene hasta el lunes.

—Mejor —dijo la mujer—. Así tendrás tres días para **recapacitar**.[378]

—No hay nada que recapacitar —dijo el coronel.

El **viscoso**[379] aire de octubre había sido sustituido por una frescura apacible. El coronel volvió a reconocer

---

[378] **recapacitar**—to reflect upon, to reconsider.
[379] **viscoso**—viscous, thick.

a diciembre en el horario de los alcaravanes.[380] Cuando dieron las dos todavía no había podido dormir. Pero sabía que su mujer también estaba despierta. Trató de cambiar de posición en la hamaca.

—Estás **desvelado**[381] —dijo la mujer.

—Sí.

Ella pensó un momento.

—No estamos en condiciones de hacer esto —dijo—. Ponte a pensar cuántos son cuatrocientos pesos juntos.

—Ya falta poco para que venga la pensión —dijo el coronel.

—Estás diciendo lo mismo desde hace quince años.

—Por eso —dijo el coronel—. Ya no puede **demorar**[382] mucho más.

Ella hizo un silencio. Pero cuando volvió a hablar, al coronel le pareció que el tiempo no había transcurrido.

—Tengo la impresión de que esa plata no llegará nunca —dijo la mujer.

—Llegará.

—Y si no llega.

Él no encontró la voz para responder. Al primer canto del gallo tropezó con la realidad, pero volvió a hundirse en un sueño denso, seguro, sin remordimientos. Cuando despertó ya el sol estaba alto. Su mujer dormía. El coronel repitió metódicamente, con dos horas de retraso, sus movimientos matinales, y esperó a su esposa para desayunar.

Ella se levantó impenetrable. Se dieron los buenos días y se sentaron a desayunar en silencio. El coronel sorbió una taza de café negro acompañada con un pedazo de queso y un pan de dulce. Pasó toda la mañana en la sastrería. A la una volvió a la casa y encontró a su mujer remendando entre las begonias.

---

[380] alcaravanes—plovers; birds with long wings and a short straight beak that live mainly on the seashore.

[381] **desvelado**—sleepless, unable to sleep.

[382] **demorar**—to delay.

—Es hora del almuerzo —dijo.

—No hay almuerzo —dijo la mujer. Él se encogió de hombros. Trató de tapar los **portillos**[383] de la cerca del patio para evitar que los niños entraran a la cocina. Cuando regresó al corredor la mesa estaba servida.[384]

En el curso del almuerzo el coronel comprendió que su esposa se estaba forzando para no llorar. Esa certidumbre lo alarmó. Conocía el carácter de su mujer, naturalmente duro, y endurecido todavía más por cuarenta años de amargura. La muerte de su hijo no le arrancó una lágrima.

Fijó directamente en sus ojos una mirada de reprobación. Ella se mordió los labios, se secó los párpados con la manga y siguió almorzando.

—Eres un **desconsiderado**[385] —dijo.

El coronel no habló.

«Eres caprichoso, **terco**[386] y desconsiderado», repitió ella. Cruzó los **cubiertos**[387] sobre el plato, pero en seguida rectificó supersticiosamente la posición. «Toda una vida comiendo tierra para que ahora resulte que merezco menos consideración que un gallo».

—Es distinto —dijo el coronel.

—Es lo mismo —respondió la mujer—. Debías darte cuenta de que me estoy muriendo, que esto que tengo no es una enfermedad sino una agonía.

El coronel no habló hasta cuando no terminó de almorzar.

—Si el doctor me garantiza que vendiendo el gallo se te quita el asma, lo vendo en seguida —dijo—. Pero si no, no.

Esa tarde llevó el gallo a la gallera. De regreso encontró a su esposa al borde de la crisis. Se paseaba a

---

[383] **portillos**—holes.

[384] la mesa estaba servida—lunch was on the table.

[385] **desconsiderado**—inconsiderate, have no consideration.

[386] **terco**—stubborn.

[387] **cubiertos**—silverware; here, her knife and fork.

lo largo del corredor, el cabello suelto a la espalda, los brazos abiertos, buscando el aire por encima del silbido de sus pulmones. Allí estuvo hasta la prima noche. Luego se acostó sin dirigirse a su marido.

Masticó[388] oraciones hasta un poco después del toque de queda. Entonces, el coronel se dispuso a apagar la lámpara. Pero ella se opuso.

—No quiero morirme en las tinieblas —dijo.

El coronel dejó la lámpara en el suelo. Empezaba a sentirse agotado. Tenía deseos de olvidarse de todo, de dormir de un tirón[389] cuarenta y cuatro días y despertar el veinte de enero a las tres de la tarde, en la gallera y en el momento exacto de soltar el gallo. Pero se sabía amenazado por la vigilia de la mujer.

«Es la misma historia de siempre», comenzó ella un momento después. «Nosotros ponemos el hambre para que coman los otros. Es la misma historia desde hace cuarenta años».

El coronel guardó silencio hasta cuando su esposa hizo una pausa para preguntarle si estaba despierto. Él respondió que sí. La mujer continuó en un tono liso, influyente, implacable.

—Todo el mundo ganará con el gallo, menos nosotros. Somos los únicos que no tenemos ni un centavo para apostar.

—El **dueño**[390] del gallo **tiene derecho**[391] a un veinte por ciento.

—También tenías derecho a que te dieran un **puesto**[392] cuando te ponían a romperte el cuero en las elecciones —replicó la mujer—. También tenías derecho a tu pensión de veterano después de exponer el pellejo

---

[388] **Masticó**—mouthed.

[389] de un tirón—in one stretch.

[390] **dueño**—owner.

[391] **tiene derecho**—is entitled to.

[392] **puesto**—position, job.

en la guerra civil. Ahora todo el mundo tiene su vida asegurada y tú estás muerto de hambre, completamente solo.

—No estoy solo —dijo el coronel.

Trató de explicar algo pero lo venció el sueño. Ella siguió hablando sordamente hasta cuando se dio cuenta de que su esposo dormía. Entonces salió del mosquitero y se paseó por la sala en tinieblas. Allí siguió hablando. El coronel la llamó en la madrugada.

Ella apareció en la puerta, espectral, iluminada desde abajo por la lámpara casi extinguida. La apagó antes de entrar al mosquitero. Pero siguió hablando.

—Vamos a hacer una cosa —la interrumpió el coronel.

—Lo único que se puede hacer es vender el gallo —dijo la mujer.

—También se puede vender el reloj.

—No lo compran.

—Mañana trataré de que Álvaro me dé los cuarenta pesos.

—No te los da.

—Entonces se vende el cuadro.

Cuando la mujer volvió a hablar estaba otra vez fuera del mosquitero. El coronel percibió su respiración impregnada de hierbas medicinales.

—No lo compran —dijo.

—Ya veremos —dijo el coronel suavemente, sin un **rastro**[393] de alteración en la voz—. Ahora duérmete. Si mañana no se puede vender nada, se pensará en otra cosa.

Trató de tener los ojos abiertos, pero lo **quebrantó**[394] el sueño. Cayó hasta el fondo de una substancia sin tiempo y sin espacio, donde las palabras de su mujer tenían un significado diferente.

---

[393] **rastro**—trace.
[394] **quebrantó**—broke.

Pero un instante después se sintió sacudido por el hombro.

—Contéstame.

El coronel no supo si había oído esa palabra antes o después del sueño. Estaba amaneciendo. La ventana se recortaba en la claridad verde del domingo. Pensó que tenía fiebre. Le **ardían**[395] los ojos y tuvo que hacer un gran esfuerzo para recobrar la lucidez.

—Qué se puede hacer si no se puede vender nada —repitió la mujer.

—Entonces ya será veinte de enero —dijo el coronel, perfectamente consciente—. El veinte por ciento lo pagan esa misma tarde.

—Si el gallo gana —dijo la mujer—. Pero si pierde. No se te ha ocurrido que el gallo puede perder.

—Es un gallo que no puede perder.

—Pero supónte que pierda.

—Todavía faltan cuarenta y cinco días para empezar a pensar en eso —dijo el coronel.

La mujer se desesperó.

«Y mientras tanto qué comemos», preguntó, y agarró al coronel por el cuello de la franela. Lo sacudió con energía.

—Dime, qué comemos.

El coronel necesitó setenta y cinco años —los setenta y cinco años de su vida, minuto a minuto— para llegar a ese instante. Se sintió puro, explícito, invencible, en el momento de responder:

—Mierda.

---

[395] **ardían**—burned.

PREGUNTAS

1. ¿Qué importancia tiene el entierro del amigo de Agustín dentro de la narración? ¿Qué nos dice del contexto político de la historia?

2. ¿Cuál es el pacto patriótico que don Sabas hace con el alcalde y qué beneficios obtuvo don Sabas del pacto?

3. ¿Qué simboliza el gallo en el cuento y por qué se resiste el coronel a venderlo?

4. ¿Hay un cambio de actitud del coronel al final de la historia? Razona tu respuesta.

novel

Cien años
de soledad

Ésta es una de las obras maestras de la literatura latinoamericana del siglo XX y quizás, junto a Don Quijote de la Mancha, *la novela en español más importante de todos los tiempos. Narra la historia de la familia Buendía en Macondo, un pueblo ficticio del Caribe. Esta obra supuso la consolidación del realismo mágico en el panorama literario internacional. García Márquez mezcla sueños y realidad con su excepcional técnica narrativa. El primer capítulo se centra en uno de los personajes de la familia Buendía, José Arcadio, y sirve de fondo para comenzar a narrar la genealogía.*

Muchos años después, frente al pelotón de fusilamiento, el coronel Aureliano Buendía había de recordar aquella tarde remota en que su padre lo llevó a conocer el hielo. Macondo era entonces una aldea de veinte casas de barro[1] y **cañabrava**[2] construidas a la

---

[1] barro—a type of redish clay used to make bricks, tiles, and houses.

[2] **cañabrava**—reed, bamboo.

orilla[3] de un río de aguas diáfanas que se precipitaban por un lecho de piedras pulidas, blancas y enormes como huevos prehistóricos. El mundo era tan reciente, que muchas cosas **carecían**[4] de nombre, y para mencionarlas había que señalarlas con el dedo. Todos los años, por el mes de marzo, una familia de **gitanos**[5] **desarrapados**[6] plantaba su carpa cerca de la aldea, y con un grande alboroto de pitos y timbales daban a conocer los nuevos inventos. Primero llevaron el **imán**.[7] Un gitano corpulento, de barba **montaraz**[8] y manos de gorrión, que se presentó con el nombre de Melquíades, hizo una truculenta demostración pública de lo que él mismo llamaba la octava maravilla de los sabios alquimistas[9] de Macedonia. Fue de casa en casa arrastrando dos lingotes[10] metálicos, y todo el mundo se espantó al ver que los calderos, las pailas,[11] las tenazas[12] y los anafes[13] se caían de su sitio, y las maderas crujían por la desesperación de los clavos y los tornillos tratando de desenclavarse, y aun los objetos perdidos desde hacía mucho tiempo aparecían por donde más se les había buscado, y se arrastraban en desbandada turbulenta detrás de los fierros mágicos de Melquíades. «Las cosas tienen vida propia —pregonaba el gitano con áspero acento—, todo es cuestión de despertarles el **ánima**.»[14]

---

[3] **orilla**—bank.

[4] **carecían**—were lacking.

[5] **gitanos**—gypsies.

[6] **desarrapados**—ragged, shabbily dressed.

[7] **imán**—magnet.

[8] **montaraz**—wild, untamed.

[9] alquimistas—alchemists; practitioners of alchemy, a medieval chemical philosophy that attempted to change certain metals into gold.

[10] lingotes—ingots; cast masses of metal shaped into bars or other convenient forms for storage or transportation.

[11] pailas—large shallow pans.

[12] tenazas—tongs.

[13] anafes—portable stoves.

[14] **ánima**—soul.

José Arcadio Buendía, cuya desaforada imaginación iba siempre más lejos que el ingenio de la naturaleza, y aun más allá del milagro y la magia, pensó que era posible servirse de aquella invención inútil para desentrañar el oro de la tierra. Melquíades, que era un hombre honrado, le previno: «Para eso no sirve.» Pero José Arcadio Buendía no creía en aquel tiempo en la honradez de los gitanos, así que cambió su mulo y una partida de chivos por los dos lingotes imantados. Úrsula Iguarán, su mujer, que **contaba con**[15] aquellos animales para **ensanchar**[16] el desmedrado patrimonio doméstico, no consiguió disuadirlo. «Muy pronto ha de **sobrarnos**[17] oro para empedrar la casa», replicó su marido. Durante varios meses se empeñó en demostrar el acierto de sus conjeturas. Exploró palmo a palmo la región, inclusive el fondo del río, arrastrando los dos lingotes de hierro y recitando en voz alta el conjuro de Melquíades. Lo único que logró desenterrar fue una armadura del siglo XV con todas sus partes soldadas por un cascote de óxido, cuyo interior tenía la resonancia hueca de un enorme calabazo lleno de piedras. Cuando José Arcadio Buendía y los cuatro hombres de su expedición lograron desarticular la armadura, encontraron dentro un esqueleto calcificado que llevaba colgado del cuello un **relicario**[18] de cobre con un rizo de mujer.

En marzo volvieron los gitanos. Esta vez llevaban un **catalejo**[19] y una **lupa**[20] del tamaño de un tambor, que exhibieron como el último descubrimiento de los judíos de Amsterdam. Sentaron una gitana en un extremo de la aldea e instalaron el catalejo a la entrada de la carpa. Mediante el pago de cinco reales, la gente se asomaba al

[15] **contaba con**—counted on.
[16] **ensanchar**—to widen, to extend.
[17] **sobrarnos**—we will have a surplus of.
[18] **relicario**—locket.
[19] **catalejo**—telescope, spyglass.
[20] **lupa**—magnifying glass.

catalejo y veía a la gitana al alcance de su mano. «La ciencia ha eliminado las distancias», pregonaba Melquíades. «Dentro de poco, el hombre podrá ver lo que ocurre en cualquier lugar de la tierra, sin moverse de su casa.» Un mediodía ardiente hicieron una asombrosa demostración con la lupa gigantesca: pusieron un montón de hierba seca en mitad de la calle y **le prendieron fuego**[21] mediante la concentración de los rayos solares. José Arcadio Buendía, que aún no acababa de consolarse por el **fracaso**[22] de sus imanes, concibió la idea de utilizar aquel invento como un arma de guerra. Melquíades, otra vez, trató de disuadirlo. Pero terminó por aceptar los dos lingotes imantados y tres piezas de dinero colonial a cambio de la lupa. Úrsula lloró de consternación. Aquel dinero formaba parte de un cofre de monedas de oro que su padre había acumulado en toda una vida de privaciones, y que ella había enterrado debajo de la cama en espera de una buena ocasión para **invertirlas**.[23] José Arcadio Buendía no trató siquiera de consolarla, entregado por entero a sus experimentos tácticos con la abnegación de un científico y aun a riesgo de su propia vida. Tratando de demostrar los efectos de la lupa en la tropa enemiga, se expuso él mismo a la concentración de los rayos solares y sufrió quemaduras que se convirtieron en úlceras y tardaron mucho tiempo en **sanar**.[24] Ante las protestas de su mujer, alarmada por tan peligrosa inventiva, estuvo a punto de incendiar la casa. Pasaba largas horas en su cuarto, haciendo cálculos sobre las posibilidades estratégicas de su arma novedosa, hasta que logró componer un manual de una asombrosa claridad didáctica y un poder de convicción irresistible. Lo envió

---

[21] **le prendieron fuego**—set it on fire.

[22] **fracaso**—failure.

[23] **invertirlas**—to change their order.

[24] **sanar**—healing.

a las autoridades acompañado de numerosos testimonios sobre sus experiencias y varios pliegos[25] de dibujos explicativos, al cuidado de un mensajero que atravesó la sierra, se extravió en **pantanos**[26] desmesurados, remontó ríos tormentosos y estuvo a punto de perecer bajo el **azote**[27] de las fieras, la desesperación y la peste, antes de conseguir una ruta de enlace con las mulas del correo. A pesar de que el viaje a la capital era en aquel tiempo poco menos que imposible José Arcadio Buendía prometía intentarlo tan pronto como se lo ordenara el gobierno, con el fin de hacer demostraciones prácticas de su invento ante los poderes militares, y **adiestrarlos**[28] personalmente en las complicadas artes de la guerra solar. Durante varios años esperó la respuesta. Por último, cansado de esperar, se lamentó ante Melquíades del fracaso de su iniciativa, y el gitano dio entonces una prueba convincente de honradez: le devolvió los doblones a cambio de la lupa, y le dejó además unos mapas portugueses y varios instrumentos de navegación. De su puño y letra escribió una apretada síntesis de los estudios del monje Hermann, que dejó a su disposición para que pudiera servirse del astrolabio, la **brújula**[29] y el sextante.[30] José Arcadio Buendía pasó los largos meses de lluvia encerrado en un cuartito que construyó en el fondo de la casa para que nadie **perturbara**[31] sus experimentos. Habiendo abandonado por completo las obligaciones domésticas, permaneció noches enteras en el patio **vigilando**[32] el curso de los

---

[25] pliegos—sheets, folders.

[26] **pantanos**—wetlands.

[27] **azote**—scourge.

[28] **adiestrarlos**—train them.

[29] **brújula**—compass.

[30] sextante—sextant (one sixth of a circle); instrument used for measuring angles, i.e., between the sun and the horizon, so that the position of a ship or aeroplane can be calculated, and also to observe altitudes of celestial bodies.

[31] **perturbara**—disturbed.

[32] **vigilando**—watching over.

astros, y estuvo a punto de contraer una insolación por tratar de establecer un método exacto para encontrar el mediodía. Cuando se hizo experto en el uso y manejo de sus instrumentos, tuvo una noción del espacio que le permitió navegar por mares incógnitos, visitar territorios deshabitados y **trabar**[33] relación con seres espléndidos, sin necesidad de abandonar su gabinete. Fue esa la época en que adquirió el hábito de hablar a solas, paseándose por la casa sin hacer caso de nadie, mientras Úrsula y los niños se partían el espinazo en la huerta cuidando el plátano y la malanga,[34] la yuca y el ñame,[35] la ahuyama[36] y la berenjena. De pronto, sin ningún anuncio, su actividad **febril**[37] se interrumpió y fue sustituida por una especie de fascinación. Estuvo varios días como **hechizado**,[38] repitiéndose a sí mismo en voz baja un sartal de asombrosas conjeturas, sin dar crédito a su propio entendimiento. Por fin, un martes de diciembre, a la hora del almuerzo, soltó de un golpe toda la carga de su tormento. Los niños habían de recordar por el resto de su vida la augusta solemnidad con que su padre se sentó a la cabecera de la mesa, temblando de fiebre, devastado por la prolongada **vigilia**[39] y por el **encono**[40] de su imaginación, y les reveló su descubrimiento:

—La tierra es redonda como una naranja.

Úrsula perdió la paciencia. «Si has de volverte loco, vuélvete tú solo», gritó. «Pero no trates de inculcar a los niños tus ideas de gitano.» José Arcadio Buendía,

---

[33] **trabar**—to strike up.

[34] malanga—root vegetable similar to a yuca (manioc) and a ñame; name varies per regions.

[35] ñame—yam; root vegetable fairly similar to a potato in appearance and texture. It grows in tropical countries.

[36] ahuyama—pumpkin.

[37] **febril**—hectic.

[38] **hechizado**—bewitched.

[39] **vigilia**—wakefulness.

[40] **encono**—ill will, spite.

impasible, no se dejó amedrentar por la desesperación de su mujer, que en un rapto de cólera le destrozó el astrolabio contra el suelo. Construyó otro, reunió en el cuartito a los hombres del pueblo y les demostró, con teorías que para todos resultaban incomprensibles, la posibilidad de regresar al punto de partida navegando siempre hacia el Oriente. Toda la aldea estaba convencida de que José Arcadio Buendía había perdido el juicio, cuando llegó Melquíades a poner las cosas en su punto. Exaltó en público la inteligencia de aquel hombre que por pura especulación astronómica había construido una teoría ya comprobada en la práctica, aunque desconocida hasta entonces en Macondo, y como una prueba de su admiración le hizo un regalo que había de ejercer una influencia terminante en el futuro de la aldea: un laboratorio de alquimia.

Para esa época, Melquíades había envejecido con una rapidez asombrosa. En sus primeros viajes parecía tener la misma edad de José Arcadio Buendía. Pero mientras éste conservaba su fuerza descomunal, que le permitía **derribar**[41] un caballo **agarrándolo**[42] por las orejas, el gitano parecía estragado por una **dolencia**[43] tenaz. Era, en realidad, el resultado de múltiples y raras enfermedades contraídas en sus incontables viajes alrededor del mundo. Según él mismo le contó a José Arcadio Buendía mientras lo ayudaba a montar el laboratorio, la muerte lo seguía a todas partes, **husmeándole**[44] los pantalones, pero sin decidirse a darle el **zarpazo**[45] final. Era un fugitivo de cuantas plagas y catástrofes habían flagelado al género humano. Sobrevivió a la pelagra[46] en Persia, al

---

[41] **derribar**—to pull down.

[42] **agarrándolo**—grabbing it.

[43] **dolencia**—ailment.

[44] **husmeándole**—sniffing out.

[45] **zarpazo**—thud.

[46] pelagra—pellagra; disease caused by poor diet and which is characterized by skin and central nervous system disorders and tiredness.

escorbuto[47] en el archipiélago de Malasia, a la lepra en Alejandría, al beriberi[48] en el Japón, a la peste bubónica en Madagascar, al terremoto de Sicilia y a un naufragio multitudinario en el estrecho de Magallanes. Aquel ser prodigioso que decía poseer las claves de Nostradamus, era un hombre lúgubre, envuelto en un aura triste, con una mirada asiática que parecía conocer el otro lado de las cosas. Usaba un sombrero grande y negro, como las alas extendidas de un cuervo, y un chaleco de **terciopelo**[49] patinado por el verdín de los siglos. Pero a pesar de su inmensa **sabiduría**[50] y de su ámbito misterioso, tenía un peso humano, una condición terrestre que lo mantenía enredado en los minúsculos problemas de la vida **cotidiana**.[51] Se quejaba de dolencias de viejo, sufría por los más insignificantes percances económicos y había dejado de reír desde hacía mucho tiempo, porque el escorbuto le había arrancado los dientes. El sofocante mediodía en que reveló sus secretos, José Arcadio Buendía tuvo la certidumbre de que aquel era el principio de una grande amistad. Los niños se asombraron con sus relatos fantásticos. Aureliano, que no tenía entonces más de cinco años, había de recordarlo por el resto de su vida como lo vio aquella tarde, sentado contra la claridad metálica y reverberante de la ventana, alumbrando con su profunda voz de órgano los territorios más oscuros de la imaginación, mientras **chorreaba**[52] por sus sienes la grasa derretida por el calor. José Arcadio, su hermano mayor, había de **transmitir**[53] aquella imagen maravillosa,

---

[47] escorbuto—scurvy; disease caused by a lack of vitamin C. Scurvy is characterized by bleeding gums and extreme weakness.

[48] beriberi—beriberi; disease characterized by the inflammation of nerves, weakness and pain in the limbs. It is caused by a lack of vitamins that results from the almost exclusive consumption of white rice.

[49] **terciopelo**—velvet.

[50] **sabiduría**—wisdom.

[51] **cotidiana**—daily.

[52] **chorreaba**—gushed.

[53] **transmitir**—to pass on.

como un recuerdo hereditario, a toda su descendencia. Úrsula, en cambio, conservó un mal recuerdo de aquella visita, porque entró al cuarto en el momento en que Melquíades rompió por distracción un frasco de bicloruro de mercurio.

—Es el olor del demonio —dijo ella.

—En absoluto —corrigió Melquíades—. Está comprobado que el demonio tiene propiedades sulfúricas, y esto no es más que un poco de solimán.

Siempre didáctico, hizo una sabia exposición sobre las virtudes diabólicas del cinabrio, pero Úrsula no le hizo caso, sino que se llevó a los niños a **rezar**.[54] Aquel olor mordiente quedaría para siempre en su memoria, **vinculado**[55] al recuerdo de Melquíades.

El rudimentario laboratorio —sin contar una profusión de cazuelas, embudos, retortas, filtros y coladores— estaba compuesto por un atanor primitivo; una probeta de cristal de cuello largo y angosto, imitación del *huevo filosófico,* y un destilador construido por los propios gitanos según las descripciones modernas del alambique[56] de tres brazos de María la judía. Además de estas cosas, Melquíades dejó muestras de los siete metales correspondientes a los siete planetas, las fórmulas de Moisés y Zósimo para el doblado de oro, y una serie de apuntes y dibujos sobre los procesos del *Gran Magisterio,* que permitían a quien supiera interpretarlos intentar la fabricación de la piedra filosofal. Seducido por la simplicidad de las fórmulas para doblar el oro, José Arcadio Buendía cortejó a Úrsula durante varias semanas, para que le permitiera desenterrar sus monedas coloniales y aumentarlas tantas veces como era posible subdividir el azogue.[57] Úrsula cedió, como ocurría

---

[54] **rezar**—to pray.

[55] **vinculado**—linked.

[56] alambique—still used in distillation.

[57] azogue—mercury, quicksilver.

siempre, ante la **inquebrantable**[58] obstinación de su marido. Entonces José. Arcadio Buendía echó treinta doblones en una cazuela, y los fundió con raspadura de cobre, oropimente, azufre y **plomo**.[59] Puso a hervir todo a fuego vivo en un caldero de aceite de ricino hasta obtener un jarabe espeso y pestilente más parecido al caramelo vulgar que al oro magnífico. En **azarosos**[60] y desesperados procesos de destilación, fundida con los siete metales planetarios, trabajada con el mercurio hermético y el vitriolo[61] de Chipre, y vuelta a cocer en **manteca de cerdo**[62] a falta de aceite de rábano, la preciosa herencia de Úrsula quedó reducida a un chicharrón carbonizado que no pudo ser desprendido del fondo del caldero.

Cuando volvieron los gitanos, Úrsula había predispuesto contra ellos a toda la población. Pero la curiosidad pudo más que el temor, porque aquella vez los gitanos recorrieron la aldea haciendo un ruido ensordecedor con toda clase de instrumentos músicos, mientras el pregonero anunciaba la exhibición del más fabuloso **hallazgo**[63] de los naciancenos. De modo que todo el mundo se fue a la carpa, y mediante el pago de un centavo vieron un Melquíades juvenil, repuesto, desarrugado, con una dentadura nueva y radiante. Quienes recordaban sus **encías**[64] destruidas por el escorbuto, sus mejillas fláccidas y sus labios **marchitos**,[65] se estremecieron de **pavor**[66] ante aquella prueba terminante de los poderes sobrenaturales del gitano.

---

[58] **inquebrantable**—unyielding.

[59] **plomo**—lead.

[60] **azarosos**—risky.

[61] vitriolo—vitriol, sulphuric acid.

[62] **manteca de cerdo**—lard.

[63] **hallazgo**—finding.

[64] **encías**—gums.

[65] **marchitos**—withered.

[66] **pavor**—dread, terror.

El pavor se convirtió en pánico cuando Melquíades se sacó los dientes, intactos, engastados en las encías, y se los mostró al público por un instante —un instante fugaz en que volvió a ser el mismo hombre decrépito de los años anteriores— y se los puso otra vez y sonrió de nuevo con un dominio pleno de su juventud restaurada. Hasta el propio José Arcadio Buendía consideró que los conocimientos de Melquíades habían llegado a extremos intolerables, pero experimentó un saludable alborozo cuando el gitano le explicó a solas el mecanismo de su dentadura postiza. Aquello le pareció a la vez tan sencillo y prodigioso, que de la noche a la mañana perdió todo interés en las investigaciones de alquimia; sufrió una nueva crisis de mal humor, no volvió a comer en forma regular y se pasaba el día dando vueltas por la casa. «En el mundo están ocurriendo cosas increíbles», le decía a Úrsula. «Ahí mismo, al otro lado del río, hay toda clase de aparatos mágicos, mientras que nosotros seguimos viviendo como los burros.» Quienes lo conocían desde los tiempos de la fundación de Macondo, se asombraban de cuánto había cambiado bajo la influencia de Melquíades.

Al principio, José Arcadio Buendía era una especie de patriarca juvenil, que daba instrucciones para la siembra y consejos para la crianza de niños y animales, y colaboraba con todos, aun en el trabajo físico, para la buena marcha de la comunidad. Puesto que su casa fue desde el primer momento la mejor de la aldea, las otras fueron arregladas a su imagen y semejanza. Tenía una salita amplia y bien iluminada, un comedor en forma de terraza con flores de colores alegres, dos dormitorios, un patio con un castaño gigantesco, un **huerto**[67] bien plantado y un corral donde vivían en comunidad pacífica los chivos, los cerdos y las gallinas. Los únicos animales

---

[67] **huerto**—orchard.

prohibidos no sólo en la casa, sino en todo el poblado, eran los gallos de pelea.

La laboriosidad de Úrsula andaba a la par con la de su marido. Activa, menuda, severa, aquella mujer de nervios inquebrantables, a quien en ningún momento de su vida se la oyó cantar, parecía estar en todas partes desde el amanecer hasta muy entrada la noche, siempre perseguida por el suave susurro de sus pollerines de olán. Gracias a ella, los pisos de tierra golpeada, los **muros**[68] de barro sin encalar, los rústicos muebles de madera construidos por ellos mismos estaban siempre limpios, y los viejos arcones donde se guardaba la ropa exhalaban un tibio olor de **albahaca**.[69]

José Arcadio Buendía, que era el hombre más emprendedor que se vería jamás en la aldea, había dispuesto de tal modo la posición de las casas, que desde todas podía llegarse al río y abastecerse de agua con igual esfuerzo, y trazó las calles con tan buen sentido que ninguna casa recibía más sol que otra a la hora del calor. En pocos años, Macondo fue una aldea más ordenada y laboriosa que cualquiera de las conocidas hasta entonces por sus 300 habitantes. Era en verdad una aldea feliz, donde nadie era mayor de treinta años y donde nadie había muerto.

Desde los tiempos de la fundación, José Arcadio Buendía construyó trampas y jaulas. En poco tiempo llenó de turpiales,[70] canarios y **azulejos**[71] y petirrojos[72] no sólo la propia casa, sino todas las de la aldea. El concierto de tantos pájaros distintos llegó a ser tan

---

[68] **muros**—walls.

[69] **albahaca**—basil.

[70] turpiales—troupials; a type of birds whose varied and melodious singing is characteristic.

[71] **azulejos**—type of birds with blue plumage.

[72] petirrojos—robins; small birds with a red neck and breast.

aturdidor, que Úrsula se tapó los oídos con **cera**[73] de abejas para no perder el sentido de la realidad. La primera vez que llegó la tribu de Melquíades vendiendo bolas de vidrio para el dolor de cabeza, todo el mundo se sorprendió de que hubieran podido encontrar aquella aldea perdida en el sopor de la **ciénaga**,[74] y los gitanos confesaron que se habían orientado por el canto de los pájaros.

Aquel espíritu de iniciativa social desapareció en poco tiempo, arrastrado por la fiebre de los imanes, los cálculos astronómicos, los sueños de trasmutación y las ansias de conocer las maravillas del mundo. De emprendedor y limpio, José Arcadio Buendía se convirtió en un hombre de aspecto **holgazán**,[75] descuidado en el vestir, con una barba salvaje que Úrsula lograba cuadrar a duras penas con un cuchillo de cocina. No faltó quien lo considerara víctima de algún extraño sortilegio. Pero hasta los más convencidos de su locura abandonaron trabajo y familias para seguirlo, cuando se echó al hombro sus herramientas de desmontar, y pidió el concurso de todos para abrir una **trocha**[76] que pusiera a Macondo en contacto con los grandes inventos.

José Arcadio Buendía ignoraba por completo la geografía de la región. Sabía que hacia el oriente estaba la sierra impenetrable, y al otro lado de la sierra la antigua ciudad de Riohacha, donde en épocas pasadas —según le había contado el primer Aureliano Buendía, su abuelo— Sir Francis Drake[77] se daba al deporte de **cazar**[78] caimanes a cañonazos, que luego hacía remendar

---

[73] **cera**—beeswax.

[74] **ciénaga**—marsh.

[75] **holgazán**—idle, lazy.

[76] **trocha**—path, trail.

[77] Sir Francis Drake—(1540–1596) English sailor and corsair. During many years, he attacked the Spanish forces in the West Indies. His defeat of the Spanish armada in 1588 made England a major naval power.

[78] **cazar**—hunting.

y rellenar de paja para llevárselos a la reina Isabel. En su juventud, él y sus hombres, con mujeres y niños y animales y toda clase de enseres domésticos, atravesaron la sierra buscando una salida al mar, y al cabo de veintiséis meses desistieron de la empresa y fundaron a Macondo para no tener que emprender el camino de regreso. Era, pues, una ruta que no le interesaba, porque sólo podía conducirlo al pasado. Al sur estaban los **pantanos**,[79] cubiertos de una eterna **nata**[80] vegetal, y el vasto universo de la ciénaga grande, que según testimonio de los gitanos carecía de límites. La ciénaga grande se confundía al occidente con una extensión acuática sin horizontes, donde había cetáceos[81] de piel delicada con cabeza y torso de mujer, que perdían a los navegantes con el hechizo de sus tetas descomunales. Los gitanos navegaban seis meses por esa ruta antes de alcanzar el cinturón de tierra firme por donde pasaban las mulas del correo. De acuerdo con los cálculos de José Arcadio Buendía, la única posibilidad de contacto con la civilización era la ruta del norte. De modo que **dotó**[82] de herramientas de desmonte y armas de cacería a los mismos hombres que lo acompañaron en la fundación de Macondo; echó en una mochila sus instrumentos de orientación y sus mapas, y emprendió la temeraria aventura.

Los primeros días no encontraron un obstáculo apreciable. Descendieron por la pedregosa **ribera**[83] del río hasta el lugar en que años antes habían encontrado la armadura del guerrero, y allí penetraron al bosque por un **sendero**[84] de naranjos silvestres. Al término de la

---

[79] **pantanos**—swamps.

[80] **nata**—cream.

[81] cetáceos—cetaceans; any of various marine mammals.

[82] **dotó**—provided with.

[83] **ribera**—bank.

[84] **sendero**—path, track.

primera semana, mataron y **asaron**[85] un **venado,**[86] pero **se conformaron**[87] con comer la mitad y salar el resto para los próximos días. Trataban de **aplazar**[88] con esa precaución la necesidad de seguir comiendo guacamayas, cuya carne azul tenía un áspero sabor de **almizcle.**[89] Luego, durante más de diez días, no volvieron a ver el sol. El suelo se volvió blando y húmedo, como ceniza volcánica, y la vegetación fue cada vez más insidiosa y se hicieron cada vez más lejanos los gritos de los pájaros y la bullaranga de los monos, y el mundo se volvió triste para siempre. Los hombres de la expedición se sintieron **abrumados**[90] por sus recuerdos más antiguos en aquel paraíso de humedad y silencio, anterior al pecado original, donde las botas se hundían en **pozos**[91] de aceites humeantes y los machetes destrozaban lirios sangrientos y salamandras doradas. Durante una semana, casi sin hablar, avanzaron como sonámbulos por un universo de pesadumbre, alumbrados apenas por una tenue reverberación de insectos luminosos y con los pulmones agobiados por un sofocante olor de sangre. No podían regresar, porque la trocha que iban abriendo a su paso se volvía a cerrar en poco tiempo, con una vegetación nueva que casi veían crecer ante sus ojos. «No importa», decía José Arcadio Buendía. «Lo esencial es no perder la orientación.» Siempre **pendiente de**[92] la brújula, siguió guiando a sus hombres hacia el norte invisible, hasta que lograron salir de la región encantada. Era una noche densa, sin estrellas, pero la oscuridad

---

[85] **asaron**—roasted.

[86] **venado**—deer.

[87] **se conformaron**—they resigned themselves.

[88] **aplazar**—to put off.

[89] **almizcle**—musk.

[90] **abrumados**—overwhelmed.

[91] **pozos**—wells.

[92] **pendiente de**—paying close attention to.

estaba impregnada por un aire nuevo y limpio. Agotados por la prolongada travesía, colgaron las hamacas y durmieron a fondo por primera vez en dos semanas. Cuando despertaron, ya con el sol alto, se quedaron **pasmados**[93] de fascinación. Frente a ellos, rodeado de helechos y palmeras, blanco y polvoriento en la silenciosa luz de la mañana, estaba un enorme galeón español. Ligeramente volteado a estribor, de su arboladura intacta colgaban las piltrafas escuálidas del velamen,[94] entre jarcias[95] adornadas de orquídeas. El **casco**,[96] cubierto con una tersa coraza de rémora petrificada y musgo tierno, estaba firmemente enclavado en un suelo de piedras. Toda la estructura parecía ocupar un ámbito propio, un espacio de soledad y de olvido, vedado a los vicios del tiempo y a las costumbres de los pájaros. En el interior, que los expedicionarios exploraron con un fervor sigiloso, no había nada más que un apretado bosque de flores.

El hallazgo del galeón, indicio de la proximidad del mar, quebrantó el **ímpetu**[97] de José Arcadio Buendía. Consideraba como una burla de su travieso destinó haber buscado el mar sin encontrarlo, al precio de sacrificios y penalidades sin cuento, y haberlo encontrado entonces sin buscarlo, atravesado en su camino como un obstáculo insalvable. Muchos años después, el coronel Aureliano Buendía volvió a atravesar la región, cuando era ya una ruta regular del correo, y lo único que encontró de la nave fue el costillar carbonizado en medio de un campo de amapolas. Sólo entonces convencido de que aquella historia no había sido un **engendro**[98] de la imaginación de su padre, se preguntó cómo había podido

---

[93] **pasmados**—astonished.

[94] velamen—sails.

[95] jarcias—rigging; all the ropes which are used to support a ship's masts and sails.

[96] **casco**—hull.

[97] **ímpetu**—impetus, vigor.

[98] **engendro**—figment.

el galeón adentrarse hasta ese punto en tierra firme. Pero José Arcadio Buendía no se planteó esa inquietud cuando encontró el mar, al cabo de otros cuatro días de viaje, a doce kilómetros de distancia del galeón. Sus sueños terminaban frente a ese mar color de ceniza, **espumoso**[99] y sucio, que no merecía los riesgos y sacrificios de su aventura.

¡Carajo —gritó—. Macondo está rodeado de agua por todas partes.

La idea de un Macondo peninsular prevaleció durante mucho tiempo, inspirada en el mapa arbitrario que dibujó José Arcadio Buendía al regreso de su expedición. Lo trazó con **rabia**,[100] exagerando de mala fe las dificultades de comunicación, como para **castigarse**[101] a sí mismo por la absoluta falta de sentido con que eligió el lugar. «Nunca llegaremos a ninguna parte», se lamentaba ante Úrsula. «Aquí nos hemos de pudrir en vida sin recibir los beneficios de la ciencia.» Esa certidumbre, rumiada varios meses en el cuartito del laboratorio, lo llevó a concebir el proyecto de trasladar a Macondo a un lugar más propicio. Pero esta vez, Úrsula se anticipó a sus **designios**[102] febriles. En una secreta e implacable labor de hormiguita predispuso a las mujeres de la aldea contra la **veleidad**[103] de sus hombres, que ya empezaban a prepararse para la **mudanza**.[104] José Arcadio Buendía no supo en qué momento, ni en virtud de qué fuerzas adversas, sus planes se fueron enredando en una **maraña**[105] de pretextos, contratiempos y evasivas, hasta convertirse en pura y simple ilusión. Úrsula lo observó con una atención

---

[99] **espumoso**—frothy.

[100] **rabia**—rage.

[101] **castigarse**—to punish.

[102] **designios**—plans.

[103] **veleidad**—fickleness, inconstancy.

[104] **mudanza**—move.

[105] **maraña**—tangle.

inocente, y hasta sintió por él un poco de piedad, la mañana en que lo encontró en el cuartito del fondo comentando entre dientes sus sueños de mudanza, mientras colocaba en sus cajas originales las piezas del laboratorio. Lo dejó terminar. Lo dejó clavar las cajas y poner sus iniciales encima con un hisopo entintado, sin hacerle ningún reproche, pero sabiendo ya que él sabía (porque se lo oyó decir en sus sordos monólogos) que los hombres del pueblo no lo secundarían en su empresa. Sólo cuando empezó a desmontar la puerta del cuartito, Úrsula se atrevió a preguntarle por qué lo hacía, y él contestó con una cierta **amargura**:[106] «Puesto que nadie quiere irse, nos iremos solos». Úrsula no se alteró.

—No nos iremos —dijo—. Aquí nos quedamos, porque aquí hemos tenido un hijo.

—Todavía no tenemos un muerto —dijo él—. Uno no es de ninguna parte mientras no tenga un muerto bajo la tierra.

Úrsula replicó, con una suave firmeza:

—Si es necesario que yo me muera para que se queden aquí, me muero.

José Arcadio Buendía no creyó que fuera tan rígida la voluntad de su mujer. Trató de seducirla con el hechizo de su fantasía, con la promesa de un mundo prodigioso donde bastaba con echar unos líquidos mágicos a la tierra para que las plantas dieran frutos a voluntad del hombre, y donde se vendían a precio de **baratillo**[107] toda clase de aparatos para el dolor. Pero Úrsula fue insensible a su clarividencia.

—En vez de andar pensando en tus alocadas novelerías, debes ocuparte de tus hijos —replicó—. Míralos cómo están, abandonados a la buena de Dios, igual que los burros.

---

[106] **amargura**—bitterness.

[107] **baratillo**—group of very cheap items.

José Arcadio Buendía tomó al pie de la letra las palabras de su mujer. Miró a través de la ventana y vio a los dos niños descalzos en la huerta soleada, y tuvo la impresión de que sólo en aquel instante habían empezado a existir, concebidos por el conjuro de Úrsula. Algo ocurrió entonces en su interior; algo misterioso y definitivo que lo desarraigó de su tiempo actual y lo llevó a la deriva por una región inexplorada de los recuerdos. Mientras Úrsula seguía barriendo la casa que ahora estaba segura de no abandonar en el resto de su vida, él permaneció contemplando a los niños con mirada absorta, hasta que los ojos se le humedecieron y se los secó con el dorso de la mano, y exhaló un hondo suspiro de resignación.

—Bueno —dijo—. Diles que vengan a ayudarme a sacar las cosas de los cajones.

José Arcadio, el mayor de los niños, había cumplido catorce años. Tenía la cabeza cuadrada, el pelo hirsuto y el carácter voluntarioso de su padre. Aunque llevaba el mismo impulso de crecimiento y fortaleza física, ya desde entonces era evidente que carecía de imaginación. Fue concebido y dado a luz durante la penosa travesía de la sierra, antes de la fundación de Macondo, y sus padres dieron gracias al cielo al comprobar que no tenía ningún órgano de animal. Aureliano, el primer ser humano que nació en Macondo, iba a cumplir seis años en marzo. Era silencioso y retraído. Había llorado en el vientre de su madre y nació con los ojos abiertos. Mientras le cortaban el ombligo movía la cabeza de un lado a otro reconociendo las cosas del cuarto, y examinaba el rostro de la gente con una curiosidad sin asombro. Luego, indiferente a quienes se acercaban a conocerlo, mantuvo la atención concentrada en el techo de palma, que parecía a punto de derrumbarse bajo la tremenda presión de la lluvia. Úrsula no volvió a acordarse de la intensidad de esa mirada hasta un día en que el pequeño Aureliano, a la edad de tres años, entró en la cocina en el momento en que ella retiraba del fogón y ponía en la mesa una olla de caldo hirviendo. El niño, perplejo en la puerta, dijo: «Se va a caer.» La olla estaba bien puesta en el centro de la mesa, pero tan pronto como el niño hizo el anuncio, inició un movimiento irrevocable hacia el borde, como impulsada por un dinamismo interior, y se despedazó en el suelo. Úrsula, alarmada, le contó el episodio a su marido, pero éste lo interpretó como un fenómeno natural. Así fue siempre, ajeno a la existencia de sus hijos, en parte porque consideraba la infancia como un período de insuficiencia mental, y en parte porque siempre estaba demasiado absorto en sus propias especulaciones quiméricas.

Pero desde la tarde en que llamó a los niños para que lo ayudaran a desempacar las cosas del laboratorio, les dedicó sus horas mejores. En el cuartito apartado, cuyas paredes se fueron llenando poco a poco de mapas inverosímiles y gráficos fabulosos, les enseñó a leer y escribir y a sacar cuentas, y les habló de las maravillas del mundo no sólo hasta donde le alcanzaban los conocimientos, sino forzando a extremos increíbles los límites de su imaginación. Fue así como los niños terminaron por aprender que en el extremo meridional del África[108] había hombres tan inteligentes y pacíficos que su único entretenimiento era sentarse a pensar, y que era posible atravesar a pie el mar Egeo[109] saltando de isla en isla hasta el puerto de Salónica.[110] Aquellas alucinantes sesiones quedaron de tal modo impresas en la memoria de los niños, que muchos años más tarde, un segundo antes de que el oficial de los ejércitos regulares

---

[108] meridional del África—meridional of South Africa (meridional: of or pertaining to a meridian; a great circle on the earth's surface passing through the geographical poles and any given place on the surface).

[109] mar Egeo—Aegean Sea; in the Mediterranean Sea, between Greece and the peninsula of Anatolia.

[110] puerto de Salónica—port of Salonica, in Greece.

diera la orden de fuego al pelotón de fusilamiento, el coronel Aureliano Buendía volvió a vivir la tibia tarde de marzo en que su padre interrumpió la lección de física, y quedó fascinado, con la mano en el aire y los ojos inmóviles, oyendo a la distancia los pífanos y tambores y sonajas de los gitanos que una vez más llegaban a la aldea, pregonando el último y asombroso descubrimiento de los sabios de Memphis.

Eran gitanos nuevos. Hombres y mujeres jóvenes que sólo conocían su propia lengua, ejemplares hermosos de piel aceitada y manos inteligentes, cuyos bailes y músicas sembraron en las calles un pánico de alborotada alegría, con sus **loros**[111] pintados de todos los colores que recitaban romanzas italianas, y la gallina que ponía un centenar de huevos de oro al son de la **pandereta**,[112] y el mono amaestrado que adivinaba el pensamiento, y la máquina múltiple que servía al mismo tiempo para pegar botones y bajar la fiebre, y el aparato para olvidar los malos recuerdos, y el emplasto para perder el tiempo, y un millar de invenciones más, tan ingeniosas e insólitas, que José Arcadio Buendía hubiera querido inventar la máquina de la memoria para poder acordarse de todas. En un instante transformaron la aldea. Los habitantes de Macondo se encontraron de pronto perdidos en sus propias calles, aturdidos por la feria multitudinaria.

Llevando un niño de cada mano para no perderlos en el tumulto, tropezando con saltimbanquis de dientes acorazados de oro y malabaristas de seis brazos, sofocado por el confuso aliento de estiércol y sándalo[113] que exhalaba la muchedumbre José Arcadio Buendía andaba como un loco buscando a Melquíades por todas partes, para que le revelara los infinitos secretos de aquella pesadilla fabulosa. Se dirigió a varios gitanos que no

---

[111] **loros**—parrots.

[112] **pandereta**—tambourine.

[113] **estiércol y sándalo**—sandalwood.

entendieron su lengua. Por último llegó hasta el lugar donde Melquíades solía plantar su tienda, y encontró un armenio taciturno que anunciaba en castellano un jarabe para hacerse invisible. Se había tomado de un golpe una copa de la substancia ambarina, cuando José Arcadio Buendía se abrió paso a empujones por entre el grupo absorto que **presenciaba**[114] el espectáculo, y alcanzó a hacer la pregunta. El gitano lo envolvió en el clima atónito de su mirada, antes de convertirse en un **charco**[115] de **alquitrán**[116] pestilente y humeante sobre el cual quedó flotando la resonancia de su respuesta: «Melquíades murió». Aturdido por la noticia, José Arcadio Buendía permaneció inmóvil, tratando de sobreponerse a la aflicción, hasta que el grupo se dispersó reclamado por otros artificios y el charco del armenio taciturno se evaporó por completo. Más tarde, otros gitanos le confirmaron que en efecto Melquíades había sucumbido a las fiebres en los médanos de Singapur, y su cuerpo había sido arrojado en el lugar más profundo del mar de Java. A los niños no les interesó la noticia. Estaban obstinados en que su padre los llevara a conocer la portentosa novedad de los sabios de Memphis, anunciada a la entrada de una tienda que, según decían, perteneció al rey Salomón. Tanto insistieron, que José Arcadio Buendía pagó los treinta reales y los condujo hasta el centro de la carpa, donde había un gigante de torso **peludo**[117] y cabeza **rapada,**[118] con un anillo de cobre en la nariz y una pesada cadena de hierro en el **tobillo,**[119] custodiando un **cofre**[120] de pirata. Al ser destapado por el gigante, el cofre dejó

---

[114] **presenciaba**—witnessed.

[115] **charco**—puddle, pool.

[116] **alquitrán**—tar.

[117] **peludo**—hairy.

[118] **rapada**—shaved.

[119] **tobillo**—ankle.

[120] **cofre**—chest.

escapar un aliento glacial. Dentro sólo había un enorme bloque transparente, con infinitas **agujas**[121] internas en las cuales se despedazaba en estrellas de colores la claridad del **crepúsculo**.[122] Desconcertado, sabiendo que los niños esperaban una explicación inmediata, José Arcadio Buendía se atrevió a murmurar:

—Es el diamante más grande del mundo.

—No —corrigió el gitano—. Es hielo.

José Arcadio Buendía, sin entender, extendió la mano hacia el **témpano**,[123] pero el gigante se la apartó. «Cinco reales para tocarlo», dijo José Arcadio Buendía los pagó, y entonces puso la mano sobre el hielo, y la mantuvo puesta por varios minutos, mientras el corazón se le hinchaba de temor y de júbilo al contacto del misterio. Sin saber qué decir, pagó otros diez reales para que sus hijos vivieran la prodigiosa experiencia. El pequeño José Arcadio se negó a tocarlo. Aureliano, en cambio, dio un paso hacia adelante, puso la mano y la retiró en el acto. «Está hirviendo», exclamó asustado. Pero su padre no le prestó atención. Embriagado por la evidencia del prodigio, en aquel momento se olvidó de la frustración de sus empresas delirantes y del cuerpo de Melquíades abandonado al apetito de los calamares. Pagó otros cinco reales, y con la mano puesta en el témpano, como expresando un testimonio sobre el texto sagrado, exclamó:

—Este es el gran invento de nuestro tiempo.

---

[121] **agujas**—needles.

[122] **crepúsculo**—twilight, dusk.

[123] **témpano**—floe; a piece of floating sea ice.

PREGUNTAS

1. En este primer capítulo de la novela se narra el descubrimiento de algunos inventos fabulosos. Enuméralos y explica la importancia de dichos inventos para el desarrollo de la sociedad.

2. Analiza las características generales de los personajes masculinos y los femeninos. ¿Encuentras diferencias entre ellos? Cita ejemplos del texto.

3. En *Cien años de soledad* se encuentran elementos del llamado realismo mágico. Analízalos y explica cómo han sido incorporados en este fragmento.

Texto

Fotos

Índice